KB155554

어서와! 공기업은 처음이지?

어서와! 공기업은 처음이지?

초판 1쇄 인쇄일   2020년 1월 28일
초판 1쇄 발행일   2020년 2월 3일

지은이   임재선
펴낸이   최길주

펴낸곳   도서출판 BG북갤러리
등록일자   2003년 11월 5일(제318-2003-000130호)
주소   서울시 영등포구 국회대로72길 6, 405호(여의도동, 아크로폴리스)
전화   02)761-7005(代)
팩스   02)761-7995
홈페이지   http://www.bookgallery.co.kr
E-mail   cgjpower@hanmail.net

ISBN 978-89-6495-156-9 03320

이 도서의 국립중앙도서관 출판시도서목록(CIP)은 e-CIP홈페이지(http://www.nl.go.kr/ecip)
와 국가자료공동목록시스템(http://www.nl.go.kr/kolisnet)에서 이용하실 수 있습니다.
(CIP제어번호 : CIP2020001623)

공기업 23년차 현직 차장이 알려주는 '공기업 사용 설명서'

어서와 /
공기업은
처음
이지

임재선 지음

神의 직장에 神은 없다

B|G 북갤러리

프롤로그 prologue

큰 배를 만들게 하고 싶다면
나무와 연장을 주고
배 만드는 법을 가르치기 전에
먼저 바다에 대한
동경을 심어줘라.
그러면 그 사람 스스로
배를 만드는 법을
찾아낼 것이다.

– 생텍쥐페리

무언가를 얻으려는 의지만 있다면 어떻게 해야 가질 수 있는지 알려주지 않아도 스스로 그 방법을 찾아낼 거라는 뜻의 이야기다. 그 무엇보다도 의지가 중요함을, 그리고 그 목표가 명확해야 함을 강조할 때 많이 인용된다.

얼마 전, 이웃 블로거 한 분이 1998년에 개봉했던 '굿윌헌팅(Good Will Hunting, 1997)'이라는 영화를 소개하는 글을 올린 적이 있다. 워낙 유명하고 평이 좋은 영화였지만 필자는 아직까지 보지 못했다. 영화라면 액션이나 SF물만을 편식하는 탓이다. 그러다보니 언젠가는 꼭 봐야지 하면서도, 여태 보지 못하고 미뤄놓은 숙제 같은 영화들이 몇 편 있다. 마치 책을 읽을 때 소설만 주구장창 읽으면서 '인문학도 읽어야 하는데'라고 여기는 의무감과 비슷하다.

그런데 아직도 그 영화를 못 봤다는 필자에게 그 블로거가 어떤 책에서 봤다며 보내준 답글이 기억에 남는다.

"이 영화를 아직 안보셨다니 행운아이십니다. 이 영화를 처음 보면서 느낄 커다란 감동을 맛보실 수 있을 테니 말입니다."

이 블로거는 필자에게 어떻게 해야 그 영화를 볼 수 있는지에 대한 이야기는 단 한마디도 하지 않았다. 다만 필자가 그 영화를 보지 않을 수 없는 한마디를 던졌다. 이제 필자는 어떻게 해서라도 그 영화를 찾아서 볼 것이다.

필자가 이 책을 쓴 이유도 어쩌면 이와 비슷하다.

필자는 공기업에 취업하기 위해서는 어떤 것들을 준비해야 하는지 알려주기 위해 이 책을 쓴 게 아니다. 행여나 필기시험이나 면접요령 등에 대한 어떤 노하우를 기대했다면, 지금 당장 책을 내려놓기 바란다. 그런 방법론에 대한 이야기는 이 책 어디에도 없다. 대신 이 책에는 그 어느 책에서도 찾아보기 힘든 공기업에 대한 솔직한 이야기가 소개되어 있다. 필자 개인적으로는 지나치게 현실적인 이야기가 아닌가 염려되지만, 오히려 독자들은 공기업에 대한 어떤 동경을 갖게 될 수도 있다. 만약 그렇다면 어느 정도 성공한 셈이다. 필자가 이 책을 쓴 목적이 바로 그것이기 때문이다.

이 책의 제목에서 이미 예상했겠지만, 이 책은 공기업에 대해 소개하는 책이다.

특별히 첫 번째 PART는 공기업 취업을 희망하는 취업준비생들을 위해 할애했다. 제1장에서는 취업준비생들이 정말로 원하는 게 무엇인지부터 물었다. 그들이 취업을 원하는 곳이 공기업인지 대기업인지부터 명확히 짚고 넘어가야 한다고 생각했기 때문이다. 또 공기업이라고 해서 모두가 다 똑같지 않다는 것도 객관적인 자료를 들어 설명했다.

이어서 제2장에서는 공기업에 대한 막연한 환상에 젖어있을 취업준비생들에게 현실적인 이야기를 들려주려고 노력했다. 예를 들면 '공기업은 신의 직장이다'라는 환상이 그것이다. 요즘 들어 부쩍 언론에서 '공기업 = 신의 직장'이라는 공식을 자주 사용하다 보니 마치 사실로 자리매김하는 분위기다. 그러나 당신이 만약 공기업을 준비하는 취업준비생이라면 반드시 이 말이 사실인지부터 확인해야 한다. 그저 남들이 그렇다고 하니까 그런 줄로 알았다가는 기껏 입사한 회사에서 낙마할 가능성이 크다. 때문에 필자는 이 장에서 '공기업은 신의 직장인가?'라는 질문에 대한 독자들의 판단을 돕고자 했다. 흔히 말하는 '신의 직장'의 조건에 대해, 그리고 그에 대한 공기업의 현실에 대해 설명했다. 물론 필자는 일방적인 주장만을 펼치지는 않았다. 따라서 "뭐야! 이게 사실이라면 공기업을 신의 직장이라고 부르기도 민망하잖아!"라는 의견도 있을 것이고, "역시! 사람들이 공기업을 신의 직장이라고 하는 이유가 있네"라고 생각하는 사람도 있을 것이다. 판단은 여러분의 몫이다.

제3장에서는 취업준비생들에게 너무 서두르지 말기를 당부했다. 기왕에 공기업을 목표로 삼았다면 여유를 갖고 천천히 준비해 보자고 제안했다. 더불어 공기업을 '신의 직장'이라 인정한다 하더라도, 그곳에 근무하는 직원들은 신(神)이 아님을 분명히 했다. 물론 이것은 일단 공기업에 입사하게 되면 스펙이 아니라 사람관계가 더 중요하다는 필자의 평소 지론을 펼치기 위한 포석이다.

두 번째 PART는 이미 취업에 성공한 공기업 신입사원을 위한 생활지침서라 할 수 있다. 로마에 가면 로마법을 따라야 하듯 공기업에 입사하면 공기업 문화에 적응해야 한다. 분명 공기업에는 민간기업과 다른 특별한 조직문화가 존재한다. 비록 그것이 폐쇄적이고 보수적이라는 평을 받는다고 하더라도 함부로 무시해도 좋을 대상은 아니다. 오히려 그것을 이해하고 순응하려고 노력하는 게 공기업이 바라는 조직문화일 수 있다.

하지만 필자의 이야기가 독자들의 젊은 감성에 맞지 않을 수 있다. 그럼에도 불구하고 참고 견뎌내 주기를 희망한다. 먼 옛날, 여인네들이 시집을 가면, 벙어리 3년, 귀머거리 3년, 장님 3년을 지내야 한다고 했다. 며느리가 시댁에 가서 그곳의 전통과 문화를 배우려면 그만큼의 시간이 필요하다는 의미였을 것이다. 마찬가지로 공기업에 새로 입사한 당신은 공기업의 전통과 문화를 배울 시간이 필요하다. 필자는 그 시간이 1~2년이면 충분하다고 생각한다. 다시 한 번 분명히 밝혀두지만, PART II는 공기업 생활을 하면서 평생을 이렇게 살아야 한다는 충고를 담은 것이 아니다. 이 PART는 오로지 이제 막 입사한 1~2년차 신입사원을 대상으로 한다. 입사 3년 이상이 됐거나 이미 중견사원이라면 지금 필자가 여기서 말하는 대로 생활하는 게 오히려 바람직하지 않을 수 있다. 그들은 그들 나름의 생활법이 따로 있다.

그럼 신입사원들이 배워야 할 공기업의 조직문화는 어떤 특징이 있을까?
필자는 그것을 '변화보다는 안정, 경쟁보다는 협력'이라고 생각한다. 제4장에서는 그에 대한 이야기를 주로 다뤘다. 이어서 제5장에서는 신입사원들이 공기업의 조직문화에 익숙해지기 위해 필요한 '네 가지'를 소개했다. 왜 굳이 '네 가지'인지에 대한 판단은 각자에게 맡기겠다. 또 주구장창 충고만 해대면 받아들이기도 힘들고 머리에도 남지 않을 것이 뻔하기에 동양 최고의 고전이라 할 수 있는《삼국지》의 일화를 중심으로 소개했다. 때문에 어떤 것은 굳이 따로 설명하지 않아도 필자가 무슨 말을 하려는 것인지 알게 될 것이다.

결국 각 PART를 통틀어 힘주어 말하고자 한 것은 '공기업은 어떤 특징을 가진 기업인가?'를 알아야 한다는 것이다. 취업준비생이든 신입사원이든 공기업의 특징과 조직문화에 대해 알고 있어야 나중에 후회하지 않는다. 이걸 소홀히 했다가는 최악의 경우, 남들은 들어가지 못해 환장하는 기업에 입사해서는 퇴사나 이직을 고민하게 될 수도 있다.

필자는 기왕에 당신이 취업전선에 뛰어들었다면 꼭 승리하기를 바란다. 하지만 그것이 '닥치고 취업'이 아닌 '현명한 취업'이기를 희망한다. 그래서 이 책이 존재한다. 필자는 이 책이 아직까지 점령해야 할 고지가 어디인지 모르고 방황하는 취업준비생에게는 신호탄으로, 이미 지난 전투에서 패배를 경험했거나 벌써 수차례의 전투로 인해 승리에 대한 갈망이 약해진 취업준비생들에게는 새로운 자극으로 다가서기를 바란다.

단언컨대 이 책은 당신의 전투력을 놀랍도록 상승시켜 줄 것이다. 그때 할 일은 단 하나뿐이다. '바다로 나가는 것'이다.

차례 Contents

Part I

공기업 취업준비생에게

제1장

당신이
정말로
원하는 것은
무엇인가?

사실 나는 공기업이 뭔지도 몰랐다

1997년 늦은 가을, 필자는 졸업도 하기 전에 지금 근무하고 있는 회사의 최종 합격 통지서를 손에 들고 있었다. 정말 운이 좋았다.

그해 여름, 필자는 대학 도서관에 터를 잡고 있었다. 학생 수에 비해 도서관 좌석이 터무니없이 부족했던 시절이라, 행여 자리를 잡지 못하는 날은 하루 종일 메뚜기처럼 자리를 옮겨 다니는 고생을 해야 했다. 때문에 필자는 매일 '새벽별보기' 운동을 하며 도서관 자리를 잡아야만 했다. 하지만 그렇게 자리를 잡는 데만 열중했지, 실제로는 책만 펴두고 놀러 다니기 일쑤였다. 어떤 날은 '내가 자리 잡으러 도서관에 오나?'라는 생각을 하기도 했다. 그런데 필자만 그랬을까? 솔직히 지금 이 책을 읽고 있는 대다수의 독자들도 한 번쯤은 이런 고민을 해 봤을 것이다. 원래 도서관이란 곳이 책 주인은 놀러 다니고, 그 자리는 책이 지키는 곳 아닌가? 필자가 보기에 진짜로 공부하는 사람은 제 자리가 없어서 여기저기 뛰어다니는 메뚜기들이다.

그해 가을, 친구가 신문을 들고 찾아왔다.

"야! 우리, 이 회사에 원서 한 번 넣어 볼까?"

당시에는 인터넷이 아니라 신문 광고를 통해 채용공고를 확인했다.

"그래? 뭐하는 회사인데?"

"잘 모르지. 근데 내 고등학교 선배가 이 회사에 있어. 너도 알잖아. ○○ 선배."

필자는 그렇게 친구와 함께 그 회사에 원서를 냈다. 필자가 그렇게 쉽게 넘어간 데는 그럴만한 이유가 있었다. 그 회사는 공기업이었다.

이후 필자는 공기업, 공단, 공사 등 '공'자가 들어가는 기업의 채용공고가 있으면 무조건 원서를 집어넣었다. 그 회사들은 모두 이름은 들어봤지만 뭘 하는 회사인지를 모르거나 이름 자체를 처음 들어보는 회사들이었다. 입사하면 어떤 일을 하게 되는지, 연봉은 얼마인지, 근무지는 어디인지 아는 게 아무것도 없었다. 그냥 '공(公)'이라는 글자에 환장해 있었다. 나중에 생각해 보니 필자가 이렇게 '공(公)'에 집착한 데는 이유가 있었다.

초등학생일 때다. 아버지는 직원이 10명도 안 되는 국수공장의 공장장이었다. 처음에는 도시에 있던 작은 공장이 매출이 늘면서 시골의 넓은 땅을 매입해 옮겨갔다. 우리 가족은 공장을 따라 시골로 이사했고, 공장 안에 지어진 사택에 살았다. 국수공장은 날로 번창했다.

그러던 어느 날, 공장은 국수와 더불어 작업용 면장갑도 만들기 시작했다.

나중에는 양초도 만들었다. 그것들 사이에 어떤 연관성이 있는지 필자는 지금도 알지 못한다. 다만 꽤 잘나가는 기업이었고, 공장장인 아버지 덕분에 나름 부족하지 않은 생활을 했다.

그러나 그 행복은 오래가지 못했다. 당시에는 무슨 뜻인지도 몰랐던 '부도' 때문에 공장이 문을 닫았다. 사장은 도주했고, 공장에는 빚을 독촉하는 빚쟁이들과 밀린 급여를 내놓으라는 직원들로 가득 찼다. 그 사태가 어떻게 정리됐는지 필자는 잘 알지 못한다. 다만 다른 직원들은 그나마 퇴직금이라도 받았다는데, 아버지는 아무것도 받지 못했다는 것만 알고 있다. 직원들 나눠주다 보니 남는 게 없었다는 게 아버지의 변명이었다. 우리는 그렇게 빈털터리로 사택에서 쫓겨났고, 그때부터 절대로 조그마한 중소기업에서 일하면 안된다는 생각을 했던 것 같다.

대학 4학년 2학기. 필자는 서류를 넣은 많은 회사들 중, 두 회사의 필기시험에 합격했고 곧바로 면접에 들어갔다. 공교롭게도 두 회사의 면접은 같은 날이었다. 그나마 다행이라면 한 회사는 오전에, 나머지 한 회사는 오후에 면접이 잡혔다는 것이었다. 지방에 살던 필자는 면접 하루 전날, 미리 서울로 올라가서 하룻밤을 묵고 다음날 아침 일찍 H회사로 갔다.

"우리나라에 최초로 전기가 들어온 곳이 어딘지 아십니까?"

상식에 가까운 질문이었다. 하지만 필자는 답을 못했다. 경복궁이라는 걸 분명히 알고 있었지만, 너무나 긴장한 탓에 기억하지 못했다. 이후 질문은 생각나질 않는다. 면접이 어떻게 끝났는지도 모르겠다.

그렇게 H회사를 나온 뒤, 점심도 거른 채 K회사로 달렸다. 그리고 한 번 더 면접을 치렀다. 오전에 한 번 해본 경험이 있어서인지 훨씬 더 차분했던 것 같다. 덕분에 지금도 그때 면접을 잊을 수가 없다. 면접관이 세 명이었던 것으로 기억한다. 면접관이 필자에게 물었다.

"우리 회사가 뭐하는 회사인지는 아세요?"

"네. 대학 선배가 이 회사에 근무하고 있기 때문에 잘 알고 있습니다."

물론 거짓말이었다. 필자는 그 선배와 친하지 않았고, 그 선배와 회사에 대해 이야기해 본 적도 없었다. 또 다른 면접관이 물었다.

"근무를 하다보면 선배와 의견이 충돌하는 경우도 있을 겁니다. 그때는 어떻게 하시겠습니까?"

"네. 일단 저는 선배의 의견을 따를 것입니다. 대신 퇴근하고 나서 소주라도 한잔하면서 제 의견을 다시 말해보고 싶습니다."

"주량이 얼마나 되세요?"

"네. 소주 한 병 정도는 마실 수 있습니다."

이건 거짓말이 아니었다. 더 마실 수도 있지만, 한 병 정도가 적당하다고 생각했다. 그 뒤 얼마 동안 몇몇 질문과 답변이 오가던 중에 또 다른 면접관이 필자에게 질문했다.

"주량은 얼마나 되세요?"

'어! 이게 뭐하자는 거지? 아까 물어봐서 한 병 정도 된다고 말했는데, 다시 물어보다니. 내 대답에 관심이 없는 건가? 아니면 내가 그 정도도 못 먹게 보이나?'

짧은 순간에도 별의별 생각이 다 들었다.

"아까 한 병 정도 마신다고 말씀드렸습니다."

맹랑한 대답이었다. 공손하지도 않았다. 바로 그때 좀 전에 필자에게 주량이 얼마냐고 물었던 면접관이 "아까 내가 물어봤을 때, 한 병 마신다고 대답했었어요"라고 방금 질문한 면접관에게 조용히 알려주는 상황이 연출됐다. 필자는 그냥 가만히 있었다. 그리고 다음 질문이 이어졌다.

"우리 회사는 전국에 사업장이 산재해 있기 때문에 꼭 본인이 희망하는 곳에서 근무하게 되는 것은 아닙니다. 만약에 본인이 희망하는 지역이 아닌 다른 지역으로 발령이 나더라도 근무할 의향이 있습니까?"

그때 필자는 어디서 그런 배짱이 생겼는지 모르겠다. 겁도 없이, 그것도 아주 단호하게 말했다.

"아니오. 그만두겠습니다. 저는 장남입니다. 부모님 계신 곳과 가까운 곳에 있어야 한다고 생각합니다."

그렇게 면접이 끝났다. 더 이상 질문은 없었다. 나중에야 필자는 그따위로 대답한 나 자신을 질책했고, 이제 떨어질 일만 남았다고 확신했다. 차라리 아침에 면접을 치른 H회사에 합격할 확률이 더 높을 것 같았다.

그러나 필자는 그따위로 면접을 본 회사에 최종 합격했다. 정말 운이 좋았다.

공기업과 대기업은 다르다?

20여 년 전, 필자는 무작정, 그렇지만 열심히 하면 '어디든 가겠지'라는 생각으로 취업준비를 했었다. 공기업이 뭔지, 대기업이 뭔지도 몰랐다. 정확히 말하면 무슨 일을 하는 기업인지 몰랐다. 그저 막연하게 공기업이 좋다는 말만 듣고, 친구 따라 강남에 갔다.

40대 후반이 된 지금, 필자는 당신이 20여 년 전 나와 같지 않기를 바란다. 본인이 꿈꾸는 직장이 어디인지 목표를 분명히 정하고 준비하길 바란다. 명확한 목표가 있느냐 없느냐의 차이는 특별히 설명하지 않더라도 귀에 못이 박히도록 들었을 것이다. 또 그에 관한 책은 주변에 널려 있다. 필자가 굳이 또 잔소리를 할 필요는 없을 것 같다.

사실 몇몇 공기업은 대기업이기도 하다. 한국전력공사의 경우, 직원은 2만 명이 넘고, 매출액도 60조 원에 달한다. 다만 회사의 지분을 정부(18.2%)와 한국산업은행(32.9%)에서 절반이 조금 넘게 가지고 있다는 점에서 민간기업이 아닐 뿐이다(2018년 12월 기준). 즉 경영권이 민간이나 외국인이 아닌 정부에 있기 때문에 공기업이다. 이런 경영권의 문제를 제외하면, 외형상 공기업과 대기업에서 다른 점을 발견하기는 쉽지 않다.

여기, 꽤 괜찮은 프로축구팀이 하나 있다. 이 팀의 명성은 이미 대한민국을 넘어 세계무대에서 알아준다. 때문에 이 팀에 소속된 선수들은 팀에 대한 자부심이 대단하다. 팀 자체가 워낙 유명하고 성적이 좋아서 사람들에게 어떤 팀이라고 설명할 필요도 없다. 때문에 팀에 소속된 선수들보다 그들의 부모가 더 좋아하는 경우도 생긴다. 선수는 자식인데 본인이 선수인 것마냥 자랑하고 다닌다. 이렇게 된 데는 이유가 있다.

우선 이 팀은 소속 선수들에게 상당한 몸값을 보장한다. 어떤 경우에는 웬만한 팀 선수들 몸값의 두세 배를 제시하기도 한다. 개별 선수에 대한 지원도 타의 추종을 불허한다. 유니폼, 운동화, 체력관리, 지속적인 트레이닝 등 투자를 아끼지 않는다. 그러니 축구 좀 한다는 선수들은 모두들 이 팀과 계약하기를 희망한다.

그러나 약점도 있다. 이 팀은 선수들에게 엄청난 연습량을 요구한다. 선수들은 거의 매일, 저녁 늦게까지 훈련에 시달린다. 경기 일정이 잡히면, 비가 오나 눈이 오나 운동장을 뛰어다닌다. 주간, 야간을 가리지 않는다. 때문에 개인적인 여가를 즐기거나 가족과 함께 할 시간이 많지 않다.

결정적으로 선수생명이 그다지 길지 않다. 어떤 경우에는 본인의 나이나 능력에 상관없이 퇴출되기도 한다. 단지 더 뛰어난 선수가 나타났다는 이유만으로 그런 일이 벌어진다. 때문에 선수들은 본인 몸 관리에 최선을 다해야 하고, 언제든 퇴출당할 수 있다는 두려움에 시달리기도 한다.

이어서 소개할 팀은 국가대표 골프팀이다. 이 팀은 대한민국을 대표하지만 그다지 유명하지는 않다. 예전에는 국가대표 팀이 있다는 것 자체를 모르는 사람도 많았다. 심지어 골프가 어떤 스포츠인지도 몰랐다. 때문에 사람들은 선수들에게 골프가 어떤 운동이냐고 물었고, 그럴 때마다 선수들은 골프 규칙을 설명하는데 한참이 걸렸다. 사정이 이러한데 그 부모들은 어땠을까? 아이가 뭐하냐고 물으면, 그냥 국가대표라고만 했다. 설명하려면 귀찮기도 했고 잘 알지도 못했다.

시대가 흐른 지금, 국가대표 골프선수들은 상당한 자부심을 가지고 있다. 소속팀의 지원도 나쁘지 않다. 숙소, 유니폼, 운동용품, 건강관리 등 어느 것 하나 앞서 말한 프로축구팀에 비해 뒤지지 않는다. 연봉도 적지 않다. 어떤 선수는 축구선수보다도 많다. 게다가 골프선수들의 훈련은 축구선수에 비해 그리 힘들지도 않다. 어떤 사람들은 그게 운동이냐고 비아냥대기도 한다. 하지만 그것은 골프선수의 잘못이 아니다. 골프라는 스포츠의 스타일이 그렇다. 결정적으로 골프선수는 나이가 들어도 본인이 그만두지만 않으면 운동을 계속 할 수 있다. 프로축구팀에 비하면 엄청난 매력이라 할 수 있다.

이쯤 되면, 필자가 무슨 이야기를 하는지 짐작할 것이다. 상당한 비약일 수 있지만, 축구팀은 민간 대기업이고, 골프팀은 공기업이다. 이제 '축구선수가 좋다. 골프선수가 좋다'라는 말이 의미가 있을까? 자기가 좋아하고 자기에게 맞는 일을 하는 게 좋은 일 아닐까?

본인이 축구를 선택하고서 '이렇게 격렬한 운동인 줄 몰랐다'라고 한다면, 반대로 골프선수가 돼서는 '나는 좀 더 액티브한 운동이 맞는 것 같아'라고 한다면 도대체 누구를 탓할 수 있을까? 이제 선택은 당신의 몫이다. 필자의 역할은 여기까지다. 옷이 흠뻑 젖도록 땀을 흘리고 나서 이온음료를 마실지 생수를 마실지는 당신의 선택에 달렸다.

아주 오래전, 동물들은 인재육성이라는 미명하에 학교를 만들기로 했다. 학교를 세운 동물들은 달리기, 나무에 오르기, 수영 그리고 날기 등 다양한 커리큘럼을 채택했다. 그리고 그 커리큘럼을 쉽게 관리하기 위해 모든 동물에게 동일한 과목을 수강하게 했다.

오리는 수영에선 선생님보다 뛰어났다. 그러나 날기에서는 겨우 통과 점수를 받았고, 달리기는 매우 부진했다. 때문에 오리는 부진을 만회하기 위해 달리기만 죽어라 연습했고, 덕분에 수영 수업을 빼먹는 날도 있었다. 그렇게 달리기에만 열중하다 보니 어느 새 오리의 물갈퀴는 어느 곳 하나 성한 데가 없었다. 결국 수영에서조차 평균 점수밖에 받지 못했다. 그러나 학교에서는 평균 정도면 나쁘지 않다고 했다.[1]

> 1) The Animal School by George H. Reavis

필자는 오리가 되고 싶지 않다. 때문에 필자는 이 책에서 특별히 공기업에 집중하려고 한다. 잘 알지 못하는 민간기업에 대해서는 이러쿵저러쿵 말하고 싶지 않다.

이제부터 필자는 당신의 선택에 도움이 될 만한 데이터들을 제시할 것이다. 이 데이터들은 당신의 전투력을 끌어올리는 데 충분한 역할을 할 것이다.

막연한 상상보다는 구체적인 수치들이 당신의 무기력한 심장을 요동치게 할 것이기 때문이다. 단언컨대 이 책은 당신이 원하는 직장을 선택하는 데 큰 도움을 줄 것이다. 다만, 한 가지 주의할 것은 지금부터 소개하는 데이터는 현시대의 흐름을 보여줄 뿐 영원하지는 않다는 것이다. 게다가 설문조사의 특성상, 비슷한 시기의 조사일지라도 조사기관이나 조사 대상자에 따라 다른 결과를 낳기도 한다. 어려운 부탁이지만, 당신은 정보의 홍수 시대에 산다는 이유로 적절한 정보를 선별적으로 받아들이는 능력도 갖춰야 한다.

가장 취업하고 싶은 기업 1순위, 공기업?

취업시장에서 공기업이 대세다. 한 설문조사 기관에서 신입직 취업준비생들을 대상으로 '올 하반기 가장 취업하고 싶은 기업'이 어디인지 물었는데, 그들이 1순위로 꼽은 것은 '공기업'이었다.[2)]

덕분에 공기업에서 23년째 근무하고 있는 필자는 요즘 참 즐겁다. 괜히 목에 힘이 들어간다. 그리고

2) 잡코리아(2019. 08. 08.), 「하반기 가장 취업하고 싶은 기업 '공기업'」, 잡코리아가 하반기 신입직 취업을 준비하는 취업준비생 852명을 대상으로 '하반기 취업 목표 기업과 취업 자신감'에 대해 설문조사를 진행했다. 신입직 취업준비생들은 '올 하반기 가장 취업하고 싶은 기업'으로 '공기업'을 꼽았다. 조사결과 '공기업' 취업이 목표라는 취업준비생이 29.5%, 10명 중 3명으로 가장 많았다. '대기업' 취업이 목표라는 취업준비생이 20.9%로 다음으로 많았고, 이어 중견기업(13.4%), 중소기업(11.5%) 순으로 나타났다. '기업은 상관없다'는 취업준비생도 18.9%로 적지 않았다.

신입직 취업준비생 29.5%
가장 취업하고 싶은 기업 '공기업'

※ 신입직 취업준비생 852명 조사 / 자료제공 : 잡코리아

〈그림 1〉 가장 취업하고 싶은 기업 _ 잡코리아(2019. 08. 08.)

보니 언제부턴가 누가 내 가슴에 매달린 신분증을 좀 봐주길 바라는 이상한 병도 생겼다. 대세의 중심에 있다는 게 이런 게 아닌가 싶다.

하지만 한편으로는 기사에서 말한 취업준비생이 꼭 20여 년 전 내 모습과 닮아 있어서 살짝 씁쓸한 것도 사실이다. 무작정 '공(公)' 자에만 집착하고 있는 게 아닌지 염려스럽다. 물론 쓸데없는 걱정을 하고 있다고 말하는 사람도 있을 것이다.

"지금 뭣이 중헌디? 들어갈 수만 있으면 일단 들어가고 봐야제. 뭣을 따지고 있단가? 어? 뭣이 중헌디?"

이렇게 말하는 사람들은 '공(公)' 자가 들어있는 기업에 들어가기만 하면 모든 게 끝난다고 생각할 것이다. 그러나 그건 뭘 몰라서 하는 말이다.

얼마 전, 흥미로운 기사가 하나 떴다. '신의 직장 공기업 평균 연봉 7,843만 원, 역대 최고'라는 제목의 기사였다.[3] 이 헤드라인은 마치 '신의 직장 = 공기업 = 최고 연봉'이라는 공식을 새롭게 증명이라도 할 듯한 기세다. 물론 언론에서 이런 스타일의 헤드라인을 쓰는 것은 당연하다. 독자들의 이목을 끌자니 이런 자극적인 문구를 쓰지 않을 수 없다. 하지만 조금만 달리 생각해보면 지금 사람들의 관심이 온통 공기업과 신의 직장에 몰려있다는 방증일 수도 있다. 그럼 사람들은 왜 이렇게 공기업에 열광하는 걸까? 그들도 필자처럼 아픈 과거가 있는 걸까?

3) 〈뉴스1〉(2019. 04. 30.), 「'신의 직장' 공기업 평균 연봉 7,843만 원 '역대 최고'」

결론부터 말하자면, 그들은 공 기업에 입사하기만 하면, '정년 보 장', '높은 연봉' 그리고 '안정적인

4) 〈연합뉴스〉(2019. 05. 23.), 「대학생 · 취 업준비생, 취업선호 공기업 1위는 인천공 항공사」

사업전망'이라는 세 마리 토끼를 모두 잡을 수 있다고 믿고 있다.[4] 위의 기사 에서 증명하려는 것도 그 중에 하나다. 덕분에 취업준비생들은 공기업에 들 어가기만 하면 7천여 만 원을 받을 수 있을 것으로 생각한다. 그러니 더더욱 공기업에 목을 매게 된다.

이런 믿음은 '신의 직장'이라는 단어가 가진 사전적 의미에도 그대로 반영 되어 있다. 네이버 오픈사전에 따르면, '신의 직장'은 '신도 모르는 직장, 신도 못 들어가는 직장. 즉, 고용의 안전성, 높은 임금, 낮은 업무강도의 삼박자를 고루 갖춘 일부 공기업 등을 지칭하는 신조어'라고 한다. 여기서 이 정의가 옳고 그름을 논하는 것은 의미가 없다. 다만 오픈사전에 등재될 정도라면 많 은 사람들이 여기에 공감한다는 것 아닐까?

하지만 필자가 보기에 이것은 그저 막연한 동경일 가능성이 크다. 그들은 공기업이 무슨 의미인지, 어떤 일을 하는지에 대해서는 별 관심이 없다. 그저 남들이 그렇게 말하니까 그러려니 하는 것이다. 마치 20여 년 전의 필자와 판박이다.

'공기업은 신의 직장이다.'

이 잘못된 인식은 결국 부작용을 낳았다. 최근 공기업에 입사한 직원들 중에 퇴사나 이직을 결심하는 직원들이 점점 늘고 있다. 4년 전, 필자가 근

무하는 부서로 배치됐던 신입사원 하나도 석 달이 지나지 않아 다른 회사로 옮겼다.

좀 오래된 유머지만, 나폴레옹이 전쟁에 나섰을 때의 일이다. 나폴레옹은 유리한 고지를 선점하기 위해 병사들을 이끌고 험난한 산에 올랐다. 갖은 고생 끝에 정상에 도착한 나폴레옹이 큰 소리로 외쳤다.

"이 산이 아니다."

필자는 당신이 나폴레옹이 되지 않기를 바란다. 죽을힘을 다해 입사한 회사에서 '앗! 이게 아닌데'라고 후회할 일을 만들지 않기를 바란다. 누구처럼 아무 곳에나 응시했다가 되는대로 입사해서는 안 된다. 때문에 지원서를 넣기 전에 그 회사에 대한 기본적인 조사부터 하는 게 필수다. 조사를 하다보면 목표가 뚜렷해지고 전투력이 상승한다. 그 다음은 일사천리다.

이미 알고 있겠지만 공기업에는 여러 종류가 있다. 그리고 그들 공기업 중에도 취업준비생들에게 특히 인기가 좋은 기업은 따로 있다. 잡코리아가 최근 대학생 및 취업준비생 1,750명을 대상으로 '공기업 취업선호도'를 실시한 결과, 올해 그들이 가장 취업하고 싶은 공기업은 인천국제공항공사 (32.3%, 응답률 기준)인 것으로 나타났다. 2위를 차지한 한국전력공사와는 무려 13%p가 넘는 큰 폭의 차이가 있었다.[5] 흥미로운 것은 인천국제공항공

> 5) 잡코리아(2019. 05. 29.), 「공기업 취업 선호도 1위 '인천국제공항공사'」

사에 이어 한국공항공사도 순위에 올랐다는 것인데, 아마도 요즘 여행에 쏠린 전 국민적 관심이 취업시장에도 반영된 게 아닌가 싶다.

공기업 취업선호도 TOP 7

※ 대학생 & 취업준비생 1,750명 복수응답 결과, 자료제공 : 잡코리아

Incheon Airport	32.3%
한국전력공사	18.7%
KORAIL	17.8%
KAC 한국공항공사	16.1%
ex 한국도로공사	14.7%
한국가스공사	13.2%
LH 한국토지주택공사	11.2%

〈그림 2〉 공기업 취업선호도 TOP 7 _ 잡코리아(2019. 05. 29.)

당연한 이야기겠지만, 인천국제공항공사나 한국전력공사처럼 취업선호도 상위에 랭크된 기업들은 그만큼 취업 경쟁률이 높다. 그런데 이 설문에 응한 대학생이나 취업준비생들은 이들 기업에 대해 얼마나 알고 있을까?

공기업이라고 다 똑같은 공기업이 아니다

우리가 흔히 말하는 공기업은, 사실은 공공기관의 범주에 속한다. 이와 관련된 정보는 '알리오(www.alio.go.kr)'를 통해 알 수 있다. 알리오(ALIO)는 국민들이 공공기관의 경영과 관련된 주요 정보를 한눈에 파악할 수 있도록 정부에서 구축해 놓은 시스템이다. 각 공공기관들은 '공공기관의 운영에 관한 법률'에 따라 기관의 정보를 공시하기 때문에 이 데이터들은 신뢰할 만하다. 만약 공공기관 취업을 준비하고 있는 사람이라면 당연히 알고 있어야 할 사이트이다.

알리오에 따르면, 2019년 현재 공공기관은 공기업 36개, 준정부기관 93개 그리고 기타공공기관 210개 등 총 339개로 구성되어 있다. 이 기관들은 매년 기획재정부장관이 지정한다. 그럼 공기업은 어떤 기준으로 지정되는지부터 차근차근 따져 보자.

우선 공기업은 직원 정원이 50인 이상이고 자체 수입원이 총 수입액의 절반 이상인 기관이다. 그 중에서도 자산규모가 2조 원 이상이고 자체 수입액이 85% 이상인 공기업을 '시장형 공기업'이라고 부른다. 우리가 잘 아는 한국전력공사나 한국가스공사 등이 여기에 속한다. 이들을 제외한 나머지 공기업들은 '준시장형 공기업'이라 부르고 한국조폐공사나 한국방송광고진흥공사와 같은 기관들이 해당된다.

준정부기관은 직원은 50인 이상이지만 공기업이 아닌 기관 중에서 기획재정부장관이 지정한 기관을 말한다. 국민체육진흥공단이나 국민연금공단과 같은 '기금관리형 준정부기관'이 있고, 한국국제협력단이나 한국장학재단과 같은 '위탁집행형 준정부기관'이 있다.

그리고 마지막으로 공기업이나 준정부기관이 아닌 기타공공기관이 있다. 이들 공공기관들은 각기 설립목적에 따라 하는 일이 다르고 그 수가 너무 많기 때문에 여기서 일일이 설명하기는 힘들다. 설명한다고 해도 지루해서 읽을 사람도 없다. 하지만 관심이 가장 많을 공기업에 대해서만큼은 자세히 살펴볼 것이다. 지금 이 책을 읽고 있는 대부분의 독자들은 이들 공기업 중에서 직장을 선택하려고 할 것이기 때문이다.

앞서 말했듯이, 공기업은 시장형 공기업과 준시장형 공기업으로 나뉜다.

〈표 1〉 시장형 공기업 현황 _ 알리오(2019년)

구분	(주무기관) 기관명
시장형 공기업 (16)	(산업부) 한국가스공사, 한국광물자원공사, 한국남동발전(주), 한국남부발전(주), 한국동서발전(주), 한국서부발전(주), 한국석유공사 한국수력원자력(주), 한국전력공사, 한국중부발전(주) 한국지역난방공사, 주식회사 강원랜드
	(국토부) 인천국제공항공사, 한국공항공사
	(해수부) 부산항만공사, 인천항만공사

특히 시장형 공기업에는 주무부처가 산업부인 기관들이 몰려있다. 한국전력공사를 포함해 대부분의 발전회사들이 여기에 속한다. 요즘 핫한 인천국제공항공사와 한국공항공사도 시장형 공기업이다.

<표 2> 준시장형 공기업 현황 _ 알리오(2019년)

구분	(주무기관) 기관명
준시장형 공기업 (20)	(기재부) 한국조폐공사
	(문체부) 그랜드코리아레저(주)
	(농식품부) 한국마사회
	(산업부) (주)한국가스기술공사, 대한석탄공사, 한국전력기술(주), 한전KDN(주), 한전KPS(주)
	(국토부) 제주국제자유도시개발센터, 주택도시보증공사, 한국감정원 한국도로공사, 한국철도공사, 한국토지주택공사, 주식회사 에스알
	(해수부) 여수광양항만공사, 울산항만공사, 해양환경공단
	(방통위) 한국방송광고진흥공사
	(환경부) 한국수자원공사

준시장형 공기업에는 기재부, 문체부, 농식품부, 산업부, 국토부, 해수부, 방통위, 환경부 등 다양한 정부부처에 속한 기관들이 있다.

위에서 우리는 2019년 현재, 공기업 군에 어떤 기관들이 있는지 알아봤다. 이제는 공기업의 현 위치에 대해 살펴보자.

총 임직원-현원 (2018년 12월말 기준)	단위:명		신규채용현황 (2018년 12월말 기준)	단위:명		복리후생비 (2018년 12월말 기준)	단위:억원
359,029 명			**33,900 명**			**8,955 억원**	
전체	359,029		전체	33,900		전체	8,955
공기업	133,891		공기업	9,070		공기업	4,273
준정부기관	106,186		준정부기관	9,973		준정부기관	1,928
기타공공기관	118,952		기타공공기관	14,856		기타공공기관	2,754

〈그림 3〉 공공기관의 임직원 현황, 신규채용 현황, 복리후생비 _ 알리오(ALIO)

역시 알리오에서 얻을 수 있는 공공기관별 주요 통계 자료이다. 앞의 데이터에 따르면, 2018년 12월 현재, 공공기관에 근무하는 직원은 약 36만 명(정원은 382,872명이다)에 달한다. 이 수치는 우리나라 총 인구 4,998만 명(통계청, '18년 인구주택총조사 내국인 기준)의 0.7%에 해당하는 숫자다. 경제활동인구 2,758만 명을 기준으로 하더라도 1.3%에 해당하는 수치다. 소위 대한민국 1%인 셈이다.

좀 더 자세히 들여다보면, 공공기관 중 공기업 직원의 비중은 약 37%로 준정부기관이나 기타공공기관에 비해 많다. 전체 공공기관의 10.6%(36개)에 해당하는 공기업에 인원은 37%가 몰려있으니 각 공기업당 인원이 꽤 많다는 것도 알 수 있다.

또 2018년 한 해 동안 공기업이 채용한 직원은 공공기관 전체 3.4만 명의 약 28%에 해당하는 9천명이었다(2018년 12월 기준). 이 숫자는 36개 공기업이 각각 연평균 252명을 신규 채용했다는 것을 의미하기도 한다.

다음은 복리후생비다. 이 비용은 직원들의 복지수준을 가늠하는 자료로 사용된다. 아무래도 복리후생비 예산이 많다는 것은 그만큼 직원들에게 제공할 혜택이 많다는 것을 의미하기 때문이다. 좀 더 정확한 추정을 위해 각 복리후 생비를 정원수로 나눠서 1인당 복리후생비를 계산해 보면, 공기업은 1인당 약 306만 원, 기타공공기관은 212만 원 그리고 준정부기관이 170만 원 순으로 공기업이 압도적으로 많다.

이제 가장 관심이 많을 연봉에 대해서 살펴보자. 2018년 말 기준 전체 공공기관의 평균 연봉은 6,798만 원이었다.

<그림 4> 공공기관 직원 평균보수 _ 알리오(2019)

여기서도 공기업의 평균보수는 월등하다. 약 7,843만 원에 달한다. 앞서 신문보도에서 "'신의 직장' 공기업 평균 연봉 7,843만 원, 역대 최고"라는 타이틀을 내건 것도 이 데이터에 기인하고 있다.

이제 당신은 여러 공공기관 중에서도 공기업이 채용규모나 복리후생, 임금

수준 등에서 압도적으로 우월하다는 것을 알았을 것이다. 따라서 당신의 선택도 분명해졌을 것이다. 이제 필자는 당신이 어떤 선택을 했을지 짐작하고도 남음이 있다.

※ 이제는 말할 수 있다 : 전력 공기업 심층 분석

여기서는 공기업 중에서도 특별히 전력 공기업에 대해 심도 있는 이야기를 해보려고 한다. 필자가 근무하고 있는 직장이 이곳에 속하는데다 필자가 가장 잘 아는 분야이기도 하기 때문이다. 아래에 제시한 데이터는 모두 알리오에서 얻을 수 있는 것들이다. 당신의 관심분야가 다르다 할지라도 역시 알리오에서 이런 식의 정보를 수집할 수 있으니 참고하기 바란다.

전력 공기업에는 10개의 기관들이 있다. 사실 전력 공기업이라는 용어는 공식적인 것은 아니다. 그저 비슷한 일을 하는 분야의 기관들을 총칭하는 말이다.

본래 이들 기관은 모두 하나의 기업이었다. 우리가 잘 아는 한국전력공사가 그 전신이다. 과거에는 한국전력공사에서 도맡아 하던 사업들이 시대적 요구에 따라 하나씩 하나씩 분리됐다고 이해하면 된다.

먼저 한국수력원자력은 우리나라 수력발전과 원자력발전을 담당하고 있다. 한국○○발전으로 불리는 5개 발전회사는 화력발전을 담당하고 있다. 한국전력기술은 전력설비 설계에 특화되어 있으며, 한전 KPS는 전력설비 유지보수업무를 도맡고 있다. 한전KDN은 정보통신에 특화된 기관이다. 마지막으로 한국전력공사는 발전소에서 생산된 전기를 송전, 변전, 배전의 단계를 거쳐 공장이나 가정에 판매하는 업무를 주관한다. 물론 지금은 이들 사업을 기본으로 훨씬 다양하고 규모가 큰 사업들을 추진하고 있다.

이들 중 거래소에 상장된 기업은 한국전력공사, 한국전력기술 그리고 한전KPS가 전부이다. 나머지는 한전에서 100% 지분을 보유하고 있다.

이 시스템을 조금 더 쉽게 설명하자면, 마치 자동차에 비유할 수 있다. 자동차 설계는 한전기술에서 하지만, 자동차의 소유주는 한전과 한수원, 발전회사들이다. 다만 이 자동차들은 사용하는 연료가 다르다. 한전KPS와 한전KDN은 이들 자동차의 하드웨어와 소프트웨어 서비스센터라 할 수 있다.

그럼 이제부터 이들 10개 전력 공기업에 대해 딱 3가지만 살펴보도록 하겠다. 첫째, 평균 근속연수이다.

〈표 3〉 공공기관 정규직 평균 근속연수(출처 : 알리오, 2019. 09. 20.)

[단위 : 년]

기관명	기관유형	2014	2015	2016	2017	2018	2019
한국○○기술(주)	공기업(준시장형)	17	17	18	18	18	18
한전K☆☆(주)	공기업(준시장형)	17	16	16	16	16	17
한전◇◇발전(주)	공기업(시장형)	15	16	16	16	16	16
한국○○발전(주)	공기업(시장형)	15	16	16	16	16	16
한국△△발전(주)	공기업(시장형)	17	16	16	16	16	16
한국☆☆발전(주)	공기업(시장형)	15	14	15	15	15	15
한국♤♤원자력(주)	공기업(시장형)	15	14	14	14	14	14
한국□□발전(주)	공기업(시장형)	14	14	14	14	14	14
한전K◇◇	공기업(준시장형)	14	15	15	15	14	14
한국♡♡공사	공기업(시장형)	19	18	18	17	16	0

앞의 표에서 보면, 2019년도 한국○○기술의 평균 근속연수는 18년으로 가장 높다. 다른 공기업들도 거의 비슷한 수준이다. 한국♡♡공사의 수치는 아직 집계 전이지만, 전년도 수치인 16년에서 크게 벗어나지 않을 것으로 보인다.

여기서 잠깐! 공기업은 정년이 보장된다고 들었는데 왜 근속연수가 이거밖에 안 되냐고 의아해 하는 사람도 있을 것이다. 오해하지 말 것은, 이 수치는 이제 막 입사한 신입사원에서부터 정년을 코앞에 둔 직원까지의 평균값이라는 사실이다. 대략 따져도 20세 중반에 취업해서

60세 정년을 채운다면 거의 35년을 근속하게 된다. 따라서 그 평균값은 대개 17년 전후가 될 것이다. 결국 앞의 데이터는 직원들이 대부분 정년까지 근무한다는 것으로 해석할 수 있다.

두 번째, 평균 연봉이다.

〈표 4〉 공공기관 정규직 1인당 평균 보수액(출처 : 알리오, 2019. 09. 20.)

[단위 : 천원]

기관명	기관유형	2014	2015	2016	2017	2018	2019
한국○○기술(주)	공기업(준시장형)	77,770	85,867	88,786	91,023	90,106	87,172
한국♤♤원자력(주)	공기업(시장형)	79,947	80,760	89,695	88,849	89,055	83,047
한국△△발전(주)	공기업(시장형)	76,507	78,475	89,786	87,530	88,543	82,868
한국☆☆발전(주)	공기업(시장형)	79,239	84,553	90,852	91,501	85,242	82,642
한국◇◇발전(주)	공기업(시장형)	78,270	76,412	88,724	87,229	87,503	82,153
한국○○발전(주)	공기업(시장형)	79,410	82,660	88,875	89,503	89,959	82,070
한국♡♡공사	공기업(시장형)	75,356	79,440	85,382	82,409	82,553	80,245
한국ㅁㅁ발전(주)	공기업(시장형)	76,885	77,300	84,810	81,776	84,134	78,139
한전K☆☆(주)	공기업(준시장형)	76,711	81,934	81,826	79,862	74,216	76,955
한전K◇◇	공기업(준시장형)	66,410	69,777	76,303	76,097	71,859	67,172

앞의 표에서 알 수 있듯이, 전력 공기업 중 정규직 평균 연봉이 가장 높은 곳은 한국○○기술(8,717만 원)이고, 가장 낮은 곳은 한전

K◇◇(6,717만 원)이다. 같은 공기업일지라도 연봉차가 상당하다.

마지막으로 가장 관심이 높을 신입사원 초임에 대한 데이터다.

[단위 : 천원]

<표 5> 공공기관 신입직원 초임(출처 : 알리오, 2019. 09. 20.)

기관명	기관유형	2014	2015	2016	2017	2018	2019
한국☆☆발전(주)	공기업(시장형)	33,578	36,096	36,825	39,072	43,087	43,755
한국◇◇발전(주)	공기업(시장형)	35,449	35,818	37,713	38,392	40,539	41,269
한국♤♤원자력(주)	공기업(시장형)	34,426	36,448	37,402	38,890	40,312	41,036
한국○○발전(주)	공기업(시장형)	34,669	36,080	37,995	38,668	39,990	40,710
한국△△발전(주)	공기업(시장형)	33,767	34,504	37,021	38,143	39,855	40,369
한국ㅁㅁ발전(주)	공기업(시장형)	34,688	34,922	36,162	38,601	39,589	40,268
한국♡♡공사	공기업(시장형)	30,634	31,737	32,751	34,145	37,699	38,405
한전K☆☆(주)	공기업(준시장형)	33,022	34,066	35,370	35,962	37,066	37,687
한국○○기술(주)	공기업(준시장형)	31,419	33,273	35,375	36,146	35,747	35,106
한전K◇◇	공기업(준시장형)	28,310	29,470	30,270	30,240	31,150	31,704

2019년도 신입사원 초임으로만 본다면, 가장 높은 곳은 한국☆☆
발전(4,376만 원)이다.

여기서 눈여겨 볼 것은 평균 연봉이 높다고 해서 신입사원 초임부터 많은 것은 아니라는 점이다. 위에서 살펴봤듯이, 평균 연봉의 최고봉은 한국ㅇㅇ기술인데 비해 신입사원 초임의 탑은 한국☆☆발전이다. 심지어 한국ㅇㅇ기술의 초임은 10개 전력 공기업 중 9위에 해당한다. 따라서 한국ㅇㅇ기술의 경우, 비록 초임은 낮게 시작하는 대신에 근속연수가 늘어남에 따라 임금증가폭이 상당히 크다는 것으로 해석할 수 있다.

만약 당신이 단지 연봉을 기준으로 회사를 고를 거라면, 이런 식으로 기업별 연봉 구조를 잘 따져봐야 한다. 그러면 당신은 처음에 많이 주는 회사를 택할지, 나중에 많이 주는 회사를 택할지 선택할 수 있다. 물론 그저 조삼모사(朝三暮四)일 수도 있다.

제2장

누가
신의 직장을
말하는가?

너무나 솔직하고 현실적인 당신에게

1. 월급이 적은 쪽을 택하라.
2. 내가 원하는 곳이 아니라 나를 필요로 하는 곳을 택하라.
3. 승진의 기회가 거의 없는 곳을 택하라.
4. 모든 것이 갖추어진 곳을 피하고 처음부터 시작해야 하는 황무지를 택하라.
5. 앞을 다투어 모여드는 곳은 절대 가지 마라. 아무도 가지 않는 곳으로 가라.
6. 장래성이 전혀 없다고 생각되는 곳으로 가라.
7. 사회적 존경 같은 건 바라볼 수 없는 곳으로 가라.
8. 한가운데가 아니라 가장자리로 가라.
9. 부모나 아내, 약혼자가 결사반대를 하는 곳이면 틀림없다. 의심치 말고 가라.
10. 왕관이 아니라 단두대가 기다리고 있는 곳으로 가라.

혹시 앞에 열거된 것들을 본 적이 있을까? 아마 처음 본 사람들은 이게 뭔가 싶을 것이다. 놀라지 마시라. 이것은 기독교 정신을 바탕으로 한 교육을 표방하고 있는 경남 거창고등학교의 '직업선택 십계'이다. 마치 기독교가 전파되지 않은 비기독교국가에 포교활동을 떠나는 선교사에게나 주어질 법한 이것은 고 전영창 교장선생님의 교육철학이라고 한다.

필자는 우리의 학교교육이 궁극적으로는 이렇게 흘러가기를 바란다. 정말로 언젠가는 꼭 그렇게 되기를 바란다.

그러나 현실은 그렇게 이상적이지 않다.

만약 당신이 위의 십계 중에 적어도 두 개 이상의 항목에 공감한다면 지금이라도 이 책을 덮을 것을 권한다. 필자는 당신에게 더 이상 해줄 말이 없다. 앞으로 필자가 하려는 이야기들은 어쩌면 위의 십계와는 정반대편에 있는 것들이기 때문이다. 아쉽게도 필자는 너무나 솔직하고 현실적인 사람이다.

물론 당신도 이 책을 집어 들고 여기까지 읽었다면, 필자와 같은 부류의 사람일 확률이 아주 높다. 설마 아니라고 부정하지 못할 것이다.

어쩌면 공기업은 앞의 '직업선택 십계'에서 말하는 것과는 전혀 어울리지 않는 직장일 수 있다. 아니, 이미 많은 사람들은 그렇다고 믿고 있다. 그래서 공기업을 신의 직장이라며 열광한다. 그러나 필자는 지금부터 '과연 공기업이 신의 직장인가?'에 대한 문제를 고민해보려고 한다. 특히 많은 사람들이 공기업의 장점으로 꼽는 정년보장, 높은 연봉, 풍요로운 복지혜택에 대해 이야기할 것이다. 더불어서 근무환경, 업무의 난이도 그리고 공기업 특유의 조직문화에 대해서도 언급할 것이다.

필자는 당신이 필자의 이야기를 끝까지 듣고 나서도 여전히 공기업은 신의 직장이라고 말할 수 있을지 무척 궁금하다.

정년은 보장이 되나요?

2000년 초반, 직장인들 사이에서는 사오정(45세가 정년), 오륙도(56세까지 직장에 다니면 도둑), 삼팔선(38세를 넘기기 어렵다)이라는 말들이 유행했다. 다니는 직장에서 정년을 다 채우고 퇴직하기 힘들다는 의미였다. 사람들이 공기업을 선호하게 된 것도 이때쯤이 아닌가 싶다. 돈이 문제가 아니라, 퇴직 걱정하지 않고 회사에 다니고 싶은 소망이 커질 수밖에 없는 시절이었다.

그렇다면 일반적으로 직장인들은 한 회사에서 얼마나 오랫동안 근무할까? 2016년 한 조사에 따르면, 장기 불황과 구조조정 바람에도 불구하고 500대 기업의 근속연수는 계속 길어지는 것으로 조사됐다. 이 조사 결과는 적어도 필자가 아는 상식 밖의 결과였다. 아무리 공기업이 16.1년으로 1위에 올라 있다지만, 자동차·부품산업 역시 16.0년으로 공기업과 거의 차이가 없다. 통신, 은행, 철강 분야도 마찬가지다.[6] 대기업이라고 해서 정년이 보장되지는 않을 거라는 선입견은 집어치워야 한다.

> 6) 〈이투데이〉(2016. 04. 27.), 「[데이터뉴스] 불황에도 근속연수 길어졌다… 3년 만에 6개월 늘어」, 장기 불황과 구조조정 바람에도 500대 기업의 근속연수가 계속 길어지는 것으로 조사됐다. 27일 기업 경영성과 평가사이트 'CEO스코어'가 국내 500대 기업 중 연도별 사업보고서 비교가 가능한 322개 기업의 직원 근속연수를 조사한 결과, 최근 3년간 근속연수가 평균 6개월 길어진 것으로 집계됐다. 총 고용인원이 감소한 30대 그룹에서도 근속연수는 최근 3년간 증가 추세를 보였다.

〈그림 5〉 500대 기업 유형별 근속연수 순위 _ 〈이투데이〉(2016. 04. 27.)

이렇게 되면, 민간기업 중 근속연수가 가장 긴 기업이 어디인지 궁금하지 않을 수 없다.

〈그림 6〉 민간기업 평균 근속연수 순위 _ 〈경향신문〉(2018. 10. 22.)

2018년 기준, 국내 매출액 상위 30대 기업의 평균 근속연수는 12.4년이었다. 그중 기아자동차는 무려 20.8년으로 가장 길었고, 다음으로 KT(20.6년), 포스코(19.4년), 현대자동차(19.2년) 순이었다. 은행권에서는 우리은행이 16.7년으로 가장 길었고, 삼성전자는 평균 11.4년으로 16위에 랭크됐다.[7] 다시 말하지만, 도대체 누가 대기업은 퇴직이 빠르다고 했는가 싶다. 사오정, 오륙도라는 말이 무색하다.

7) 〈경향신문〉(2018. 10. 22.), 「대기업 평균 근속연수 12년… 가장 오래 근무하는 곳은 기아차, 20년」, 국내 매출액 상위 30개 기업의 평균 근속연수가 12.4년이라는 조사결과가 나왔다. 기아자동차는 근속연수 20.8년으로, 가장 오래 일하는 기업으로 조사됐다. 취업포털 인크루트는 전자공시시스템에 2018년 반기 보고서를 제출한 매출액 상위 30대 기업의 자료를 조사한 결과 이같이 나타났다고 22일 밝혔다. 기아자동차는 1인 평균 20.8년 근속하는 것으로 나타났다. KT(20.6년), 포스코(19.4년), 현대자동차(19.2년), 한화생명(17.5년) 순이었다. 이어 우리은행이 16.7년이었고, 상반기 평균 연봉이 가장 높았던 에쓰오일이 15.8년이었다. 삼성생명이 13.8년, 신한지주가 13.4년(그룹사 근무 포함), 현대모비스가 12.7년으로 30개 회사 중 10위에 자리했다. 삼성전자는 평균 근속연수 11.4년으로 16위였다.

이제 우리가 기대해 마지않는 공기업은 어느 정도 수준인지 알아보자.

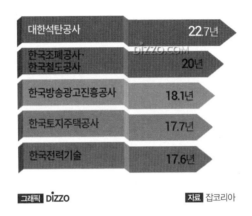

Q 직원 평균 근속연수가 가장 긴 기업은?

대한석탄공사	22.7년
한국조폐공사·한국철도공사	20년
한국방송광고진흥공사	18.1년
한국토지주택공사	17.7년
한국전력기술	17.6년

그래픽 DIZZO   자료 잡코리아

〈그림 7〉 평균 근속연수 공기업 순위 _ 〈디지털 조선일보〉(2019. 06. 18.)

그림에서 보듯이, 공기업 중 평균 근속연수가 가장 긴 기업은 대한석탄
공사이다. 무려 22.7년에 달한다. 이어 한국조폐공사와 한국철도공사가 각
각 20년, 그 다음으로는 한국방송광고진흥공사(18.1년), 한국토지주택공사
(17.7년), 한국전력기술(17.6년) 순으로 나타났다.[8]

따라서 민간기업이나 공기업이
나 근속연수만 가지고 따지는 것은
의미가 없다. 기업에 따라 정년퇴

8) 〈디지틀조선일보〉(2019. 05. 18.), 「한국
철도공사, 직원 많은 공기업 1위 … 근속
연수가 가장 긴 공기업은?」

직이 당연한 곳이 있고, 그렇지 않은 곳이 있을 뿐이다. 물론 주의할 것은 지
금 우리가 보고 있는 데이터는 대한민국 최상위에 랭크된 기업들의 데이터라
는 사실이다. 당연한 말이지만, 모든 기업이 이럴 거라는 착각은 금물이다.

몇 년 전까지만 해도, 필자는 필자가 근무하는 회사의 평균에 해당한다고 믿고 있었다. 그런데 23년차에 접어든 지금, 평균 근속연수가 18년인 걸 보면 이제 필자는 '지는 해'가 되었다. 하지만 희소식도 있다. 정부가 내년부터 현행 법정 정년인 60세 이상 고령자를 계속 고용하는 기업에 장려금을 지원키로 했기 때문이다. 게다가 2022년에는 정년을 없애거나, 정년을 연장하거나, 정년은 그대로 두고 60세 이상 직원을 고용하는 등의 사실상 정년을 없애는 방안을 검토키로 했다.[9]

물론 이 문제는 '양날의 검'과 같다. 현재 직장생활을 하고 있는 입장에서는 환영할만한 일이지만,

> 9) 〈경향신문〉(2019. 09. 18.), 「[인구정책 대전환] 정년 없는 사회 온다 … 인구정책 패러다임 '출산'에서 '고용 연장'」

심각한 취업난에 시달리고 있는 취업준비생 입장에서는 그렇잖아도 부족한 일자리가 더 줄어들 거라고 생각할 수 있기 때문이다.

〈그림 8〉 정년 연장에 대한 국민여론 _ 〈경향신문〉(2019. 05. 29.)

그런데 한 여론조사에 따르면, 벌써 국민 3명 중 2명은 법정 정년을 현행

만 60세에서 만 65세로 연장하는 데 찬성하는 것으로 조사됐다. 더 놀라운 것은 20대 10명 중 8명이 정년 연장에 찬성 입장을 보였다는 사실이다.[10]

10) 〈경향신문〉(2019. 05. 29.), 「법정 정년 '65세 연장' "찬성" 66.4% … 20대 찬성률 높아」, 리얼미터는 2019년 5월, 〈오마이뉴스〉의 의뢰로 전국 19세 이상 성인 501명(응답률 6.3%, 오차범위 ± 4.4%p)을 대상으로 정년 연장에 대한 여론조사를 실시한 결과, '저출산·고령화에 따른 생산 가능인구 감소, 노인빈곤 문제 해결을 위해 찬성한다'는 응답이 66.4%였다고 29일 밝혔다. '기업의 부담이 늘어나고 청년 일자리가 줄어들 우려가 있으므로 반대한다'라는 응답은 27.5%였다.

따라서 이 정책은 지금 당장은 적용되지 않더라도 언젠가는 시행될 것으로 보인다. 만약 아직 취업을 준비하고 있는 입장이라면, 반대만 할 게 아니라 차라리 잘 된 일이라고 생각하고 더욱 더 노력해서 하루라도 빨리 취업하는 게 더 좋을 듯싶다. 물론 이 정책은 꼭 공기업만 아니라 민간기업에도 동일하게 적용될 것이다.

하지만 모든 직장인이 정년이 연장되기를 원하는 것은 아니다. 필자처럼 딱 60까지만 근무하고 그 다음부터는 쉬고 싶은 사람도 있다.

윤홍균 박사가 《자존감 수업》에서 말한 것처럼, 취업 준비생들이 가장 원하는 것이 '취업'인 반면, 직장인들이 가장 원하는 것은 '사직'이라는 사실이 그것을 증명한다. 가슴속에 사직서 한 장 품고 있지 않은 직장인이 어디에 있겠냐는 말도 같은 맥락이다. 만약 직장이 아닌 다른 삶에서 행복을 찾는 사람들이 많아진다면 정년이 늘어나도 계속해서 다니겠다는 사람은 많지 않을 것이다. 필자의 생각에는 이런 사람들이 점점 늘어날 듯하다.

2018년 대한민국 근로자 평균 연봉은 3,634만 원이었다. 이 금액의 수준을 알아보기 위해 평균

11) 〈연합뉴스〉(2019. 09. 22.), 「지난해 근로자 평균 연봉 3천634만 원 … '억대 연봉' 49만 명」

연봉을 10단계로 나눠서 비교해 봤더니 3,634만 원은 다음 그림처럼 8분위에 속하는 금액이었다. 상위 80%에 해당한다는 뜻이다. 그리고 이 금액이 속한 2천만 원에서 4천만 원 미만의 구간에는 전체 근로자의 43.9%가 밀집해 있다.[11] 총 근로자 비율로 보자면 전체 근로자의 69.3%가 연봉 4천만 원이 안 되는 금액으로 노동력을 제공하고 있다는 것이다.

〈그림 9〉 임금근로자 평균 연봉 수준 _ 〈연합뉴스〉(2019. 09. 22.)

우리는 이미 2018년도 공기업 평균 연봉이 7,843만 원이라는 것을 알고 있다. 그리고 대한민국 임금근로자의 69.3%가 4천만 원 이하의 연봉을 받는다는 것도 알았다. 이것은 공기업 직원의 평균 연봉과 대한민국 근로자의 평균 연봉 차이가 2배가 넘는다는 것을 뜻한다. 똑같이 1년이라는 시간을 일해

도 그에 대한 대가는 2배 차이가 난다는 뜻이기도 하다.

이제 이 데이터를 개인이 아닌 가정으로 확대해 보자. 평균 연봉을 받는 맞벌이 부부의 수입 (3,634만 원×2=7,268만 원)이 외벌이 공기업 가정의 수입(7,843

12) 〈한국일보〉(2019. 09. 17.), 「국내 기업 매출 2분기째 감소 … 영업이익률도 7.7 → 5.2% 급락」, 2분기 영업이익률은 5.2%로, 전년 동기(7.7%)보다 2.5% 포인트 하락했다.

만 원)보다 적다. 반대로 둘 다 공기업에 근무하는 맞벌이 가정(7,843만 원 ×2=15,686만 원)이라면 이건 거의 기업 수준이다. 기업에서 1년에 1.5억 원의 순수익을 올리려면 매출을 얼마나 올려야 할까? 계산하기 쉽게 영업이익률을 10%로 잡는다고 해도(2019년 2분기 매출액 대비 영업이익률은 5.2%이다),[12] 매출은 1년에 15억 원 이상이 나야 한다. 한 달에 1.25억 원을 벌어야 한다는 말이다. 이러니 사람들이 공기업을 '신의 직장'이라고 부르는 것이다.

물론 평균 연봉 7,843만 원에는 기본급과 상여금을 비롯해 각종 수당 등이 모두 포함된 금액이므로 여기서 소득세, 지방세와 같은 세금과 건강보험, 국민연금, 장기요양보험, 고용보험 등 4대보험이 빠져나가고 나면 실제 내 통장에 찍히는 금액은 이보다 훨씬 적다. 때문에 제시된 연봉을 정확히 12로 나눈 금액을 받을 거라고 기대했다가는 큰 실망에 빠질 수도 있다.

그럼 국내 대기업의 연봉은 얼마나 될까? 결론부터 말하자면, 국내 100대 기업 직장인들의 평균 연봉은 8,100만 원에 달한다.[13] 게다가 S-Oil, 메리츠종금증권, SK이노베이션 등 상위 13곳의 평균 급여는 1억 원이 훌쩍 넘는다.[14] 언뜻 봐도 공기업보다 훨씬 큰 금액이다.

신입사원 초임도 살펴보자. 그전에 우리나라 취업준비생들이 원하는 금액이 얼마나 되는지 알아보는 것도 재미있을 듯하다. 2019년 현재, 그들이 원하는 금액은 3,000만 원에서 4,000만 원으로

13) 〈한국일보〉(2019. 04. 02.), 「100대 기업 평균 연봉 8,100만 원 … 에쓰오일 1억 3,700만 원 최고」

14) 〈파이낸셜뉴스〉(2019. 04. 02.), 「대기업 13곳, 직원 평균 급여 1억 원 넘는다」, 직원 평균 급여가 가장 높은 기업은 에쓰오일(S-OIL)로 1억 3,700만 원이었으며 △메리츠종금증권(1억 3천500만 원) △SK이노베이션(1억 2,800만 원) △삼성증권(1억 2,100만 원) △NH투자증권(1억 2,100만 원) 순이었다. 아울러 삼성전자(1억 1,900만 원)와 SK텔레콤(1억 1600만 원), SK하이닉스(1억 700만 원), 삼성화재해상보험(1억 600만 원), 롯데케미칼(1억 600만 원), 미래에셋대우(1억 600만 원), 삼성물산(1억 500만 원), 삼성카드(1억 100만 원) 등 모두 13곳이 억대 연봉 직장인 것으로 조사됐다.

15) 〈매일경제〉(2019. 08. 17.), 「취업준비생이 받고 싶은 신입 연봉 얼마?」

평균 3,608만 원이었다. 전공별로는 공학이 3,770만 원으로 가장 높은 금액을 원했고, 이어서 자연, 인문상경 순이었다.[15]

그럼 실제 초임은 얼마나 될까? 우선 2019년 공공기관 초임연봉을 살펴보면, 평균 3,642만 원이었다. 물론 한국과학기술원, 한국원자력연구원과 같은 기관은 초임연봉이 거의 5,000만 원에 달했다.

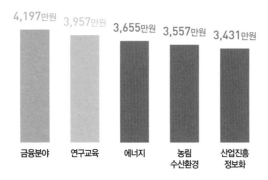

금융분야 4,197만원 연구교육 3,957만원 에너지 3,655만원 농림수산환경 3,557만원 산업진흥정보화 3,431만원

자료 취업포털 잡코리아 **대상** 공공기업 131개 분석

〈그림 10〉 사업분야별 공공기관 초임 연봉 순위 _ 〈조선일보〉(2019. 01. 15.)

이걸 사업 분야별로 따져 보면 금융 분야가 가장 높고, 그 다음으로는 연구교육, 에너지 순이었다.[16]

이에 비해, 국내 대기업의 대졸 신입사원 평균 연봉은 4,086만 원이었다. 역시 사업 분야별로 따져봤더니 공공기관과 마찬가지로 금융 분야가 평균 4,358만 원으로 가장 높았다. 그 뒤로는 석

16) 〈조선일보〉(2019. 01. 15.), 「공공기관 초임 연봉 평균 '3,642만 원' … 가장 높은 공공기관 은?」. 잡코리아가 2019 공공기관 채용정보박 람회에 참여한 131개 공공기업의 2019년 채용 계획을 분석했다. 그 결과 올해 공공기관의 초임 연봉은 지난해 공공기관 초임 연봉인 3,465 만 원보다 많은 평균 3,642만 원으로 나타났 다. 사업 분야별로 살펴보면 금융 분야가 평균 4,197만 원으로 초임 연봉이 가장 높았고, 이어 '연구교육' 3,957만 원, '에너지' 3,655만 원, '농림수산환경' 3,557만 원, '산업진흥정보 화' 3,431만 원 순이었다. 특히 공공기관 중 초임 연봉이 가장 높은 곳은 '한국과학기술원'으 로 초임 연봉이 4,989(성과급 포함)만 원에 달 했다. 또 '한국원자력연구원' 4,894만 원, '한국 산업은행'과 'IBK기업은행' 4,800만 원, '한국 원자력안전기술원' 4,569만 원 순으로 초임 연 봉이 높은 것으로 조사됐다.

유화학·에너지 분야 4,264만 원, 자동차·운수 분야 4,163만 원 순이었다.[17]

17) 〈MBC〉 뉴스(2019. 08. 27.), 「대기업 대졸신입 평균 연봉 4,086만 원 … 중소기업은 2,769만 원」

이 두 데이터를 비교해 보면, 대기업의 초임 연봉(4,086만 원)이 공공기관의 그것(3,642만 원)보다 약간 높은 수준(444만 원)이라는 걸 알 수 있다. 결국 우리나라 대졸 취업준비생들은 대기업과 공공기관의 평균 초임 수준을 원하고 있는 셈이다.

필자가 이렇게 데이터를 근거로 설명하는 것은 당신의 이해를 돕기 위함이다. 또 취업을 준비하는 사람이라면 당연히 이 정도의 데이터는 파악하고 있어야 한다고 생각하기 때문이다.

하지만 이 데이터가 영원불변한 것은 아니다. 언젠가는 공기업이 대기업을 앞설 수도 있고, 전체 임금근로자의 평균 연봉이 대기업, 공기업의 연봉과 별 차이가 나지 않게 될 수도 있다. 필자는 궁극적으로 그렇게 되기를 바라지만, 당장은 현재의 데이터를 기준으로 최선의 선택을 하기를 바라는 마음이다.

설마, 여기서 근무하라고요?

2019년 대학생들은 가장 취업 하고 싶은 공기업으로 인천국제 공항공사를 선택했다. 덕분에 인

18) 〈중앙일보〉(2019. 07. 24.), 「2019 대 학생 취업 희망 공기업 톱 10 한전 2위 … 1위는?」

천국제공항공사는 2018년에 이어 두 번째로 1위를 차지했다. 반면에 2009 년 조사를 시작한 이래 2017년까지 8차례나 1위 자리를 지켰던 한국전력공 사는 그 명성에 금이 갔다. 한국전력공사가 1위를 빼앗긴 것은 2011년 딱 한 해뿐이었다.[18] 그럼 그들은 왜 한국전력공사를 배신하고 인천국제공항공사 를 선택한 것일까?

어쩌면 이 결과는 당연한 것이다. 다름 아닌 '근무지역의 불확실성' 때문 이다. 인천국제공항공사의 근무지역은 인천광역시로 국한되어 있다. 일단 합격만 하면, 인천에서 근무할 수 있다. 이 사실은 취업준비생들에게 어마 어마한 메리트다. 그에 반해, 한국전력공사는 내가 어디에서 근무하게 될지 전혀 알 수 없다. 희망근무지를 적어내기는 하지만, 대부분이 수도권 근무 를 희망하기 때문에 당첨 가능성은 수도권의 인기 좋은 아파트 분양권 당첨 률과 비슷하다. 그러니 근무지역이 이미 확정된 인천국제공항공사를 선호 하는 것은 당연한 결과다. 물론 근무지역뿐만 아니라 다른 장점들도 많이 반 영됐겠지만.

참고로 인천국제공항공사, 서울교통공사, 부산교통공사처럼 이름에 지역

명이 붙은 기업은 그 지역에서 근무할 확률이 아주 높다. 다른 공기업처럼 순환근무나 오지근무의 위험이 상대적으로 적다는 말이다.

1997년 겨울, 필자는 대한민국에서도 오지 중에 오지라고 할 수 있는 전라남도 해남, 땅끝에 있었다. 첫 발령지가 그곳이었기 때문이다. 솔직히 필자는 그때까지 '땅끝'이라는 동네가 있다는 걸 모르고 있었다. 광주가 고향임에도 불구하고 한 번도 가본 적이 없는 곳이었다. 말하자면, 미지의 신세계가 필자의 첫 근무지였다. 나중에 얻은 깨달음인데, 필자가 땅끝에서 근무하게 된 것은 '면접을 그 따위로 본' 까닭이었다. 기억하겠지만, 필자는 면접 때 부모님을 핑계로 고향에서 멀리 떨어진 곳으로 발령이 나면 회사를 그만두겠다고 선포했던 사람이다.

그런데 해남은 멀다면 멀고, 가깝다면 가까운 곳이었다. 멀다는 것은 필자가 살던 광주에서부터 무려 120km나 떨어져 있기 때문이고, 가깝다는 것은 광주와 전남은 동일 행정구역이라고 해도 과언이 아니기 때문이다. 따라서 필자가 그 머나먼 미지의 땅끝에서 근무하게 된 것은 순전히 필자의 업보였다.

당시 필자와 함께 해남으로 발령을 받은 신입사원은 모두 다섯 명이었는데, 전주가 고향인 직원 하나, 목포가 둘 그리고 제주 출신의 여직원이 하나 있었다. 모두들 아침에, 집에서 출근하기는 힘든 거리였다. 때문에 미리 출발하려고 마음먹고 있는데, 그보다 먼저 직장 선배의 호출이 왔다. 전날 미리 내려오라는 것이었다. 게다가 목적지는 완도였다. 회사 사택이 사무실에서 30여 킬로미터나 떨어진 완도에 있다는 거였다.

첫 출근 D-1일, 필자는 전주가 고향인 동기 한 명과 함께 광주버스터미널에서 완도행 버스에 몸을 실었다. 말은 직행버스였지만 중간에 몇몇 도시를 경유해 갔다. 덕분에 길은 멀고, 시간은 많이 걸렸다. 편도 1차선의 구불구불한 국도를 쉬지 않고 달렸다. 산을 넘기도 하고, 바다를 건너기도 했다. 버스가 얼마나 요동을 치는지 옆에 타고 있던 동기는 멀미까지 했다. 지금은 그런 경우가 거의 없지만, 예전에는 버스에 검정 비닐봉지가 준비되어 있었다. 그만큼 멀미하는 사람들이 많았다. 그날 필자 옆에 앉은 동기도 버스의 흔들림을 견디는 데 익숙하지 않아 보였다. 다행히 그날 필자는 동기가 뭘 먹었는지 확인할 필요는 없었지만, 언제 알게 될지 모른다는 불안감 때문에 덩달아 힘든 여정을 보냈다. 동기는 오죽 했을까만.

거의 2시간 반동안의 지루하고 힘든 시간을 견뎌낸 우리는 마침내 완도라는 섬에 도착할 수 있었다. 난생처음으로 발을 디뎌본 섬이었다. 콜럼버스가 아메리카 대륙을 발견했을 때의 기분이 그랬을까?

겨울. 우리가 완도 버스터미널에 도착했을 때는 이미 어두워지기 시작할 무렵이었다. 터미널에는 네댓 명의 선배들이 마중 나와 있었다. 승합차에 회사마크가 선명하게 찍혀 있었기 때문에 찾는 것은 어렵지 않았다. 나머지 동기들도 모두 도착해 있었다.

서로 처음 만나는 인사를 나누자마자, 선배들은 다짜고짜 우리를 볼링장으로 데려갔다. 그 시골에 볼링장이 있다는 것이 신기했고, 만나자마자 볼링장을 가자는 것은 더 신기했다. 나중에 안 일이지만, 선배들이 무료한 저녁시간을 보내기 위해 완도에서 할 수 있는 유일한 운동이 볼링이었다. 덕분에 우리는 회사가 어디에 있는지, 또 사택은 어디에 있는지 알기도 전에 볼링부터 쳤다. 그리고 함께 완도의 싱싱한 회를 먹었다.

　다음날 아침, 우리는 어제 탔던 그 승합차를 타고 회사로 갔다. 무려 30여 분을 달려 도착한 곳은 해남에서 꽤 유명한 달마산 아래 지어진 커다란 건물이었다. 물론 주변에는 아무것도 없었다. 회사 앞 큰 길은 대중교통이 지나다닐 법 했지만 실제로 다니는 걸 보지는 못했다. 완벽한 '깡촌'이었다. 게다가 그날 아침, 처음 본 사무실의 모습은 말 그대로 충격 그 자체였다. 보기 좋게 지어진 큰 건물은 우리 회사가 아니었다. 그곳은 앞으로 필자가 일을 해야 하는 일터였고, 사무실은 그 안에 없었다.

　이미 말한 대로 필자는 공기업에 입사했다. 회사에 입사하고 나서야 안 사실이지만, 근무하는 직원이 수천 명이라고 들었다. 그런데 필자가 본 회사 건물은 건물이라고 말하기도 민망한 이동식 컨테이너였다. 가로, 세로 2×4미터 정도 되어 보이는 직사각형의 작은 컨테이너 하나는 사업소장실이었고, 그것의 서너 배쯤 돼 보이는 컨테이너 하나가 우리가 근무할 사무실이었다. 그 안에 총무과와 정비과가 함께 있었다. 모두 13명이었다. 그래도 그나마 다행스러운 것도 있었다. 컨테이너가 새것이라는 것, 공기가 엄청나게 맑다는 것, 그리고 무서울 정도로 조용하다는 것.

혹시 지금 공기업 취업을 준비하고 있는 사람 중에 이런 근무 조건을 상상해 본 사람이 있을까? 대도시에서 2시간 이상 떨어진 곳, 주변에 건물이라고는 아무것도 없는 적막한 산 아래, 컨테이너 건물에서 일하는 걸 상상하면서 공기업 준비를 하는 사람은 많지 않을 것이다. 당연히 TV나 인터넷을 통해 본 크고 깨끗한 빌딩에서 말끔한 정장을 입은 채 활기차게 일하는 멋진 모습을 상상할 것이다. 그러나 필자에게는 그런 상상과 어느 것 하나 들어맞는 게 없었다. 빌딩 대신 컨테이너에서, 정장이 아닌 작업복과 안전모를 쓰고, 볼펜이 아닌 드라이버를 들고 일을 했다.

아는 사람은 알겠지만, 컨테이너는 여름에는 덥고 겨울엔 춥다. 특히 겨울에는 아무리 단열을 하고 난방을 해도 춥다. 아침에 출근해서 히터를 켜고 한참을 추위에 떨고 있으면, 점심 먹을 때쯤이 돼야 온기를 느낄 수 있었다.

점심시간이 되면 우리는 차를 타고 읍내까지 나가야 했다. 주변에 아무것도 없는데, 식당이 있을 리가 없었다. 요즘처럼 맘에 맞는 사람들끼리 식사를 하고 커피를 마시며 담소를 나누는 사치는 꿈도 꿀 수 없었다. 모두 함께 차를 타고 나가서 같은 식당에서 미리 정해진 똑같은 음식을 먹고, 다시 같은 차를 타고 돌아왔다. 퇴근시간이 되면, 다시 차를 타고 완도로 가서 함께 저녁을 먹고 같은 건물에서 같이 잤다. 덕분에 자칫 어색하고 불편할 수 있었던 직장 선배들과의 관계는 의외로 쉽게 풀렸다. 잠자는 시간을 제외하고는 거의 모든 시간을 함께 지내다 보니 친해지지 않을 수 없었다. 그냥 식구였다.

자, 이제 경제적인 이야기를 해보자. 방금 필자는 시골 오지의 불편함에 대해 이야기했다. 당시 해남에서 근무하는 선배들 중에는 가족이 모두 이사 온 선배도 있었고, 주말부부를 하는 선배도 있었다. 필자를 포함한 다섯 명의 동기들은 모두 미혼이었기 때문에 합숙소에서 생활했다.

주말부부를 한다거나 가족과 떨어져 사택에서 산다는 것은 일명 '두 집 살림'을 뜻한다. 즉, 사택에도 살림살이가 필요하다는 뜻이다. 아무리 최소한의 식기와 침구류, 옷가지만 가져다 놓는다고 해도 있을 건 있어야 한다. 합숙소에 기본적인 냉장고나 TV 등은 비치가 되어 있지만, 침대를 놓거나 개인옷장을 들이려면 본인 돈이 들어가지 않을 수 없다. 또 사택에서 밥을 해서 먹으려면 거기에 따른 생필품들은 더 많아진다. 그래서 아예 밖에서 사먹고 다니는 사람이 많다. 게다가 주말마다 집으로 이동할 때 드는 교통비도 만만치 않다. 물론 시간은 시간대로 깨진다.

현재 필자가 다니는 회사의 본사는 나주혁신도시에 위치하고 있다. 아직도 주말이면 서울로 올라가는 직원들이 부지기수다. 어떤 사람은 주말부부를 하려면 3대가 덕을 쌓아야 한다는 우스갯소리도 하지만, 그게 정말 진심일까? 경기도 용인에서 주말부부를 하는 필자의 동료는 이런 말을 하기도 했다.

"일요일 아침에 잠에서 깨면, '아! 오늘 내려가야 하는구나!'라는 생각에 하루 종일 뭘 할 수가 없어요. 점심 먹고 어영부영하다보면, 어느새 내려갈 준비를 해야 하죠. 5시쯤 이른 저녁을 먹고, 버스가 기다리고 있는 곳으로 가서 버스를 타고 나주로 내려와요. 내려오는 동안에는 버스 안이 어둡다 보니까 달리 할 일이 없고 자연스럽게 잠을 자죠. 그렇게 10시쯤 나주에 도착하면 그때는 잠이 안 와서 늦은 새벽에나 겨우 잠이 들어요. 당연히 다음날 엄청 피곤하죠."

또 이제 막 주말부부를 시작한, 대구가 고향인 동료 하나는 일요일 오후 나주로 출발하려고만 하면, 어린 딸들이 안 가면 안 되냐고 매달린다고 한다. 도저히 눈에 밟혀서 나오기가 쉽지 않다는 것이다.

이쯤 되면, 허울 좋은 공기업에 다니느니 대도시에 위치한 중소기업에 다니는 게 더 낫다는 소리가 나올 법도 하다. 조금 덜 받더라도 '두 집 살림'을 하지 않아도 되니, 실 수령액은 비슷할 수도 있다.

필자가 이런 이야기를 하는 것은 매도 알고 맞으면 덜 아프기 때문이다. 상상도 못 하고 있다가 지방으로 발령이 났다는 이유 하나만으로 회사를 그만두는 신입사원을 여럿 봤다. 공기업에 입사하면 지방근무를 하게 될 수도 있다는 것을 미리 알고 있었어도 그만 뒀을까? 알 수 없는 일이지만, 면접 때 그런 언질을 받은 필자처럼 이 이야기가 당신에게는 범퍼역할을 해 줄 수도 있을 것이다.

이런 일을 하게 될 줄은 몰랐습니다

해남에서 근무하고 있을 때, 한국전력공사에 대학 후배 하나가 입사했다. 겨우 1년이나 지났을까? 후배는 오지에서 근무하는 게 싫었는지 ○○시에 있는 한 화학공장으로 이직을 했다. 그러니까 공기업을 때려 치고 민간기업으로 이직한 것이다.

그로부터 얼마 지나지 않아, 필자도 해남을 떠나 대도시에 위치한 사업소로 이동을 했는데, 시내에서 우연찮게 후배를 만났다. 그동안의 안부를 묻자마자 곧바로 연봉 이야기가 나왔다. 후배는 이직한지 4~5년 만에 꽤 많은 연봉을 받는다며 자랑했다. 후배의 연봉은 입사 10년이 넘은 필자의 연봉과 거의 차이가 없었다. 원래 화학공장 연봉이 세다는 것은 익히 들어 알고 있었지만, 그 정도인 줄은 미처 몰랐다.

이후 필자는 업무상의 이유로 후배가 근무하는 회사가 있는 ○○산단을 가끔 방문하곤 했다. 지금도 그때의 기억을 되살려 보면, 가장 먼저 떠오르는 게 '냄새'다. 산단 입구에 들어서면 언제나 그 매캐한 냄새에 기분이 별로 좋지 않았다. 금방이라도 건강이 나빠질 것만 같았다. 그런데 일단 안으로 들어가서 몇 분이 지나고 나면 코가 마비된 건지, 아니면 뇌가 적응한 건지 냄새를 전혀 느끼지 못했다. 아마도 그 안에서 일하는 수많은 근로자들도 필자와 같은 경험을 매일같이 반복하고 있을 것이다. 그분들에게는 미안한 말이지만, 필자는 그곳에 갈 때마다 이런 생각을 했다.

'나는 절대 이런 곳에서는 못 산다. 돈을 아무리 많이 줘도 싫다.'

하지만 이런 불편함은 비단 민간기업에만 국한되는 것은 아니었다. 공기업에 입사해 발전소에 배치된 동기들의 근무여건도 만만치 않았다.

벌써 20년도 더 된 이야기지만, 그때만 해도 근무조건이나 환경에 관한 관심이 지금처럼 높지 않았다. 때문에 석탄을 연료로 사용하는 화력 발전소에서 근무하는 필자의 동기들 중 일부는 석탄가루 때문에 상당히 힘들어 했다. 물론 일부러 과장해서 말하기도 했겠지만, 하루 종일 마스크를 써야 하고, 작업복은 날마다 세탁을 해도 한 건지 안 한 건지 구분하기가 힘들 정도라고 했다. 일을 마치고 샤워를 하려고 보면 속옷까지 석탄가루가 침투해 있던 적도 있었다고 한다.

또 발전소 안에 있는 모터나 펌프, 터빈과 같은 대형 기기들이 회전하는 소음은 가히 엄청나다. 이런 소음은 비단 화력발전소뿐만 아니라 원자력 발전소에 근무하는 직원들도 똑같이 겪는 불편이다. 이제 곧 퇴직을 앞둔 부장님 한 분은 1900년대 말, 원자력 발전소에서 근무하던 중 왼쪽 귀의 청력을 잃었다고 한다. 때문에 그 부장님과 이야기할 때는 항상 오른쪽에서 말해야 한다.

원자력발전소는 석탄 연료를 사용하지 않기 때문에 비교적 깨끗하다. 그러나 더 큰 불편이 있다. 눈에는 보이지 않지만, 방사선과의 전쟁을 치러야 한다. 원자력발전소에 근무하는 일부 기술직 직원들은 작업 중 방사선에 노출

되는 양을 측정하기 위해 가슴에
선량계[19]를 차고 일을 하는데, 특
히 핵연료 쪽 일을 하는 직원들은
피폭량에 상당히 민감하다.

혹시 비행기 승무원들이 방사선에 노출된다는 사실을 알고 있는가?

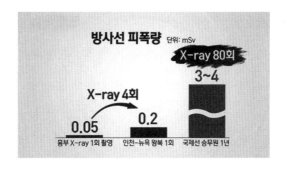

〈그림 11〉 방사선 피폭량 비교 _ 〈SBS〉 뉴스(2018. 12. 21.)

대한항공과 아시아나항공 측에 따르면, 국제선 승무원들의 연간 방사선 노출량은 평균 3~4mSv(밀리시버트) 정도이다. 많으면 5mSv를 넘기도 한다. 우리가 병원에서 X-ray를 한 번 찍는 데 0.05mSv이니까 최소 80번에서 최대 100번 정도 X-ray를 찍는 셈이다. 2015년 국립 원자력 전문기관인 한국 원자력안전재단의 조사 결과에 의하면, 승무원의 연평균 피폭 방사선량은 약 2.2mSv(국내선 포함)로 CT나 X-ray 기기를 다루는 의료계 종사자는 물론 원자력발전소 직원(0.6mSv)보다도 훨씬 높은 것으로 나타났다. 항공 승무

원이 사실상 방사선 피폭량이 가

장 높은 직업군 가운데 하나로 꼽

힌 것이다.[20]

20) 〈SBS〉 뉴스(2018. 12. 16.), 「'희귀병' 스튜어디스, 산재 인정될까」

솔직히 필자는 이 기사를 접하기 전까지는 스튜어디스가 방사선에 노출된다는 사실을 알지 못했다. 상호간에 어떤 연관성이 있을 거라고 상상도 못했다.

그러나 전력 공기업에 입사를 원하는 사람이라면 원자력발전소에 근무할경우 방사선에 노출될 수도 있다는 것 정도는 충분히 예상할 수 있는 일이다. 그러나 해남에서 필자에게 주어진 일은 감히 상상도 할 수 없는 특별한 일이었다.

필자는 대학에서 전기를 전공했다. 그리고 전력 공기업에 입사했다. 당연히 전기와 관련된 일을 할 거라고 생각했다. 그런데 20여 년 전, 필자는 완도앞바다에서 배를 타고 있었다.

당시 맡은 주업무는 HVDC 변환설비 정비업무였다. 전문적인 분야이기때문에 간단히만 소개하자면, HVDC(High Voltage Direct Current) 변환설비는 육지에서 제주도로 전기를 보내기 위해 교류를 직류로 바꿔주는 시설이다. 그렇게 바뀐 전기는 바다 밑으로 깔린 케이블을 통해 제주도로 전달된다. 덕분에 필자는 이 해저케이블을 보호하는 일도 해야 했다. 그러니까 배를타고 바다로 나가서 바다 속에 묻혀있는 케이블이 손상되지 않도록 패트롤을하는 일이었다. 사택이 완도에 있는 이유가 거기에 있었다.

패트롤은 아침 일찍 완도항으로 나가 선장, 기관장과 함께 출항을 하는 것에서부터 시작했다. 우리는 케이블이 포설된 루트를 따라 하루 8시간 동안 바다위에 떠 있었다. 배 안에서 밥을 지어 먹고, 배 안에서 쉬었다. 그렇게 하루 업무시간을 꽉 채우고 나서야 배에서 내릴 수 있었다. 이런 이야기를 하면, 영화 속에서나 나옴직한 새하얀 요트를 떠올리는 사람이 있을 것이다. 꿈깨기 바란다. 낚싯배 수준은 아니었지만 그보다 조금 더 좋은 배였을 뿐이다. 또 어떤 사람들은 맑은 가을 하늘 아래, 잔잔한 바다에서 한가로이 낚시를 즐기는 상상을 하는 사람도 있을 것이다. 역시 꿈 깨기 바란다. 물론 잔잔한 날도 있지만, 대부분의 바다는 항상 파도가 일렁인다. 특히 겨울 바다는 파도가 크다. 이때 배가 출렁이는 것은 비포장도로를 달리는 버스하고는 비교도 안된다. 배가 작다보니 파도에 흔들리는 폭도 엄청나게 크다. 요동치는 배 안에 있다 보면 속이 울렁거리기 시작한다. 거기에 엔진실에서 올라오는 기름 냄새까지 더해지면 정신마저 혼미해진다. 바람이라도 쐬려고 밖으로 나갈라치면 칼바람이 불어와 뺨을 때렸다. 바람에 날려 온 바닷물은 덤이었다. 그렇게 이러지도 저러지도 못한 채로 버티다 보면 하루가 갔다. 며칠이 지나고 이제 좀 배에 적응하나 싶을 때쯤에는 육지 멀미가 시작된다. 흔들리는 배에 적응하다 보니 배에서 내리면 가만히 있는 땅이 흔들리는 걸로 착각하는 것이다. 진퇴양난이었다.

한번은 평소에 타던 배가 고장이 나서 수리에 들어간 적이 있었다. 그렇다고 본연의 업무를 생략할 수는 없는 노릇이라 작은 목선을 임대해서 패트롤에 나섰다. 그날 아침 출항할 때만 해도 바다는 비교적 괜찮았다. 오후가 되면서 바람이 터지더니 풍랑 예비경보가 떨어졌다. 곧 풍랑주의보가 내려질 것이니 빨리 항구로 대피하라는 신호였다. 우리는 서둘러 귀항에 나섰다. 그러나 이미 먼 바다는 파도가 높아진 뒤였다. 엄청난 파도가 배를 덮쳐왔고, 선실 앞 유리창을 덮친 파도는 쉴 새 없이 움직이는 와이퍼를 무용지물로 만들었다. 어찌나 배가 흔들리는지 유리창을 통해 내다보는 풍경은 한 번은 하늘이 보였다가 한 번은 시커먼 바다가 보였다가를 반복했다. 파도가 배를 공중으로 들어 올렸다가 사정없이 내팽개쳤다. 바이킹이 따로 없었다. 필자는 그때 '이래서 배가 두 동강이 나는구나!'라는 생각을 했다. 또, '나는 전기를 전공한 사람인데 어쩌다가 여기까지 와서 배를 타게 됐을까? 배에서 내리기만 하면 회사고 나발이고 당장에 때려치워야겠다'고 다짐을 했었다. 아무래도 배에서 못 내리고 뉴스에 나올 것 같았다.

필자는 당신이 막연한 공기업의 환상에서 벗어나기를 바라는 마음에서 이 이야기를 하고 있다. 만약 당신이 공기업 준비를 하고 있거나 이미 합격해서 발령을 기다리고 있는 사람이라면, 당신도 필자처럼 당신이 상상하는 것 이상의 현실을 맞이할 수도 있다(그렇다고 너무 긴장할 필요는 없다. 우리 회사 6천여 명의 직원 중에 필자처럼 배를 타는 일을 해본 직원은 20명도 안 된다. 그나마 지금은 그 업무 자체가 사라지고 없다).

또 당신이 이미 1, 2년차 직원일지라도, 당신 동료들 중에 누군가는 당신이 알지 못하는 곳에서, 당신이 상상도 하지 못한 힘든 일을 하고 있을 수도 있다. 그리고 언제 당신이 그 일을 하기 위해 이동하게 될지 모른다. 대부분의 공기업은 순환근무를 원칙으로 하기 때문이다(이것 역시 너무 겁먹을 필요가 없는 것이, 본인이 동의하지 않는 한 다른 근무지로 강제로 이동하는 경우는 드물다).

다른 떡이 더 커 보이는데요

2017년 한 조사결과에 따르면, 우리나라 직장인들은 1주일에 평균 2.5일은 야근을 한다고 한다. 그중에서도 대기업 직원이 야근을 가장 자주 한다고 대답했고, 공기업은 가장 적었다. 반대로 야근을 거의 하지 않는다고 대답한 직장인은 외국계 기업 20.8%, 공기업 20.5% 순으로 각각 1, 2위를 차지했다.[21]

공기업이 신의 직장이라는 소리를 듣는 이유가 여기에도 있다. 그러나 그림에서도 보듯이 대기업에도 '야근을 거의 하지 않는다'라고 대답한 직장인이 분명히 있고, 공기업에도 '야근을 자주 한다'라고 대답한 직원이 있다. 때문에 '모든 공기업이 모든 대기업보다 야근이 적다'라는 명제는 성립하지 않는다. 모든

21) 〈뉴스1〉(2017. 09. 01.), 「韓 '야근 공화국' "직장인 주 2.5회 야근, 외국계·공기업 야근 비율 낮아"」, 대한민국 직장인들이 1주일에 평균 2.5일은 야근을 하는 것으로 나타났다. (중략) 취업포털 잡코리아는 대한민국 직장인 1,013명의 야근 실태를 조사한 결과 이같이 분석됐다고 1일 밝혔다. '1주일에 몇 회 야근을 하느냐'는 질문에 응답자들은 평균 2.5회라고 답했다. 또 야근을 자주 하는지 묻는 질문에는 '자주 한다'는 답변이 46.3%로 가장 많았고 '가끔 한다'는 답변 역시 39.2%를 차지했다. 반면 '거의 안 한다'는 답변은 14.5%에 그쳤다. 기업 형태별로는 대기업에 다니는 직장인들이 가장 야근을 자주하는 것으로 나타났다. 대기업 직장인의 경우 절반을 넘는 54.5%가 야근을 자주한다고 답했다. 야근을 자주한다는 응답은 중견기업이 51.6%, 중소기업 44.5% 순으로 나타났다. 반면 야근을 '거의 안 한다'는 답변은 외국계 기업과 공기업에서 각각 20.8%와 20.5%로 높게 나타났다. 대기업과 중견기업 종사자 가운데 야근을 '거의 안 한다'고 답한 비율은 각각 9.1%와 11%에 그쳤다.

것은 케이스 바이 케이스(Case-by-Case)이다.

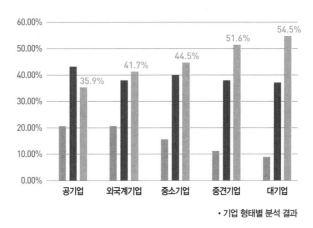

직장인 일주일 평균 2.5일 '야근 중'

※ 직장인 1,013명 대상 설문조사 결과, 자료제공 : 잡코리아

〈그림 12〉 기업 형태별 야근 현황 _ 〈뉴스1〉(2019. 09. 01.)

이제 아래의 그림을 보자. 이 그림의 막대는 긴 걸까, 짧은 걸까?

〈그림 13〉 이 막대는 긴 걸까? 짧은 걸까?

길다는 사람도 있고, 짧다는 사람도 있을 것이다. 그러나 정답은 '모른다'가
맞다. 비교대상이 없기 때문에 뭐라고 단정 지을 수 없다. '업무강도'도 마찬

가지다. 하지만 많은 사람들이 공기업은 업무강도가 낮다고 말한다.

사실 업무강도라는 것은 지극히 주관적이다. 똑같이 100미터를 뛰어도 어떤 사람은 12초가 걸리고, 어떤 사람은 17초가 걸린다. 똑같이 12초를 뛰어도 비교적 편안한 사람이 있는 반면, 거의 죽을 듯이 숨을 몰아쉬는 사람도 있다. 각기 체력에 따라 소요시간과 에너지 소모량이 다르다. 똑같은 일이지만 누구에게는 쉽고 누구에게는 어렵다.

또 100미터를 달릴 때는 힘들어 하던 사람이 5,000미터 달리기에서는 두각을 나타낼 수 있다. 반대로 100미터에서 12초대를 달렸던 사람이 장거리에서는 3,000미터를 못 뛰고 낙오할 수도 있다. 각기 잘하는 일이 다른 탓이다. 따라서 일을 하면서 개인이 느끼는 업무강도는 순전히 개인의 영역이다.

'직원복지'에 관한 판단도 마찬가지다. 예전에는 공기업 복지혜택이 약간 우세하다는 평가가 지배적이었지만, 공기업 방만 경영 등의 문제가 불거지면서 지금은 많이 후퇴해 있다.

그럼에도 불구하고 공기업의 복지혜택에 대해 말하자면, 지방에서 근무할 경우 사택이 제공되기도 한다는 것, 매년 근속년수에 비례해 복지포인트(현금처럼 사용할 수 있다)가 주어진다는 것. 그리고 어쩌면 이게 가장 매력적일 수도 있는 것인데, 바로 소액의 대부를 내준다는 것(물론 약간의 대출금리가 적용된다)이 있다. 또 여름에 하계 휴양소를 저렴한 비용으로 이용할 수도 있다(복지포인트에서 일부 금액이 공제되기 때문에 완전 공짜는 아니다. 게다가 추첨을 통해 당첨이 되어야 이용 가능하다). 학자금 혜택이나 주택자금을 대부해 주는 제도가 있지만 필자는 아직 받아보지 못했다. 특히 학자금의 경우, 예전에는 전액 지원이었다는데, 지금은 대부로 바뀐 지 오래다. 더 이상은 잘 생각나지 않는다. 원래 사람은 이미 받은 것은 잘 기억하지 못하는 법이다. 대신에 다른 회사에는 있는데, 우리 회사에 없는 것은 잘 기억한다.

소소하지만 대표적인 예로, ○○전자나 ○○자동차 같은 대기업은 직원이 자사 제품을 구매할 때 할인혜택을 제공해 준다. ○○전자에 다니는 사촌동생은 자사 제품을 상당히 저렴한 가격에 구매하고 있다. 덕분에 본인의 혼수품은 물론이고 부모님 댁의 가전제품까지 모두 다 새 제품으로 업그레이드 해드리는 효도를 할 수 있었다. ○○자동차는 임직원이나 그 배우자의 친인척이 자사 차량을 구입할 때 상당한 할인 혜택을 준다. 물론 평생에 몇 번이나 그런 혜택을 받을까마는 그런 혜택이 있고 없고는 분명 사기(士氣) 문제다.

필자는 그동안 전력 공기업에 근무하면서 전기요금을 할인받아 본 적이 없다. 그렇다고 발전소를 할인해 달라고 할 수는 없지 않은가? 아마 이런 소리를 들으면, 독자들 중에는 "지금 장난하냐?"고 말할 사람도 있을 것이다. 맞는 말이다. 사람의 본성이 그렇다. 99만 원 가지고 있는 사람이 100만 원을 채우기 위해 1만 원에 목숨을 거는 법이다.

결국 공기업이나 대기업이나 복지에 대해서는 우열을 가리기가 쉽지 않다는 생각이다. 각자의 눈높이에 관한 문제다. 다만 남의 떡이 커 보이는 것은 어쩔 수 없는 노릇이다.

너무 보수적인 거 아닙니까?

취업준비생들이 말한 공기업의 단점 중에 '경직되고 보수적인 조직문화'라는 것이 있다. 맞는 말이다. 많이 변했다고 하지만, 여전히 수평적인 의사소통보다는 수직적인 지시계통에 따른다. 군대는 아니지만 상명하복에 익숙하다. Bottom up 방식보다는 Top down 방식이 대부분이다. 특히 공기업은 민간기업에 비해 격식을 갖추는 일이 많다. 어떤 일이든 구두로만 보고하는 경우는 거의 없다. 상황이 너무나 급박하게 돌아가서 어쩔 수 없이 구두보고를 하는 일이 있더라도, 위급상황이 지남과 동시에 문서로 만들어 다시 보고해야 한다.

회사에서 벌어지는 모든 일은 대부분 '원 페이지(One Page) 보고서'로 정리된다. 이 원 페이지 보고서에도 형식이 있다. 일반적으로 배경, 현황 및 문제점, 해결방안, 기대효과 또는 향후계획 순으로 정리된다. 특별히 의견이 있다면, '보고자 의견'란을 더할 수도 있다. 또 이 보고서는 문서의 여백, 글씨체, 글씨크기, 줄간, 자간 등도 정해져 있다. 무조건 지켜야 하는 것은 아니지만, 대부분은 지키고 있다.

공기업이 이렇게 보수적인 데는 여러 가지 이유가 있을 수 있다. 그중에서도 대표적인 이유로 꼽을 수 있는 것이 공기업은 정부를 비롯해 여러 기관의 규제를 받는다는 점이다. 때문에 창의적이고 모험적인 업무에 한계가 있다.

한 대학교수는 에너지 공기업의 이직률이 만만치 않다면서, 젊은 직원들

이 실망하기 시작하는 때는 공기
업에 대한 정부부처의 규제와 속
박이 만만치 않다는 것을 알게 되

22) 〈이투뉴스〉(2019. 09. 30.), 「[칼럼] 보기 안쓰러운 에너지 공기업 신입사원」

는 시점부터라고 했다. 사실 정부는 공기업의 정원과 예산은 물론 인건비, 출장비, 회식비까지 모든 것을 규제한다. 1년 내내 자체감사, 주무부처 감사, 국회 국정감사와 때때로 감사원의 질의와 감사에 시달린다. 더불어 상여금을 결정하는 경영평가에는 특히 전사적인 노력을 기울인다. 여기에 청렴도 평가, e정부 평가, 고객만족도 평가와 더불어 일자리 창출, 중소기업 상생협력, 지역경제협력 등 공기업으로서 눈치 봐야 할 분야가 한둘이 아니다.[22]

덕분에 몇몇 공기업들은 적자를 지속하면서도 일자리 창출에 집중하느라 필요 이상의 신입사원을 채용했다는 비난을 받기도 했다. 이것이 정부정책에 나 몰라라 할 수 없는 공기업의 운명이다.

그러다보니 돈을 지출하는 데 있어서는 상당히 철저하다. 단돈 만 원을 써도 영수증을 첨부해 문서로 회계처리를 해야 한다. 무슨 이유로, 어디에서, 무엇을, 누가, 어떻게 썼는지 기록한다. 백만 원짜리 물건을 사나 만 원짜리 물건을 사나 처리해야 할 서류의 양은 똑같다. 상사의 결재를 받아야 하는 것은 두말할 것도 없다.

어떤 일을 계획하고 실행하기 위해서는 여러 단계에 걸친 결재가 필요하다. 본사의 경우, 일반적으로 차장이 최초 작성자가 되고, 부장에게 보고하면, 사안에 따라 실장, 처장을 거쳐 전무나 사장에게까지 보고되기도 한다. 지금은 거의 전자결재로 이루어지지만, 결재를 올리기 전에 문서로 출력해서 먼저 보고하고 나서 전자결재를 진행하는 게 일반적이다. 이때 처장 결재로 끝나는 건은 차장이 보고를 하지만, 전무 이상 결재가 필요할 때는 최소 부장급 이상이 보고한다. 또 본사의 경우, 사원부터 처장까지는 한 층에서 근무하는 게 일반적이고, 전무 이상부터는 임원실이 따로 있기 때문에 차장 이하 직원들이 임원실을 들락거릴 일은 거의 없다. 필자도 본사 근무가 5년이 넘었지만, 사장실은 딱 한 번, 액자를 걸기 위해 들어가 봤을 뿐이다.

보고나 결재라인이 이렇게 까다로운 것은 2가지로 해석이 가능하다. 하나는 그만큼 신중하다는 뜻이고 다른 하나는 책임을 분담하겠다는 의지의 발로다.

먼저 신중하다는 게 무슨 뜻인지부터 알아보자. 공기업은 일반 사기업이나 대기업에 비해 아주 급박하게, 당장 결정을 내려야 하는 일이 상대적으로 적다. 대부분의 업무가 연초에 계획된 업무계획에 따라 진행된다. 물론 불쑥 불쑥 생기는 돌발업무도 있지만, 그것조차도 결재라인을 생략해 가면서 처리해야 할 만큼 급한 것은 없다. 오히려 그렇게 하다가는 큰 질책을 받을 수 있다. 때문에 천천히 신중을 기해 여러 명이 검토한다.

또 다른 하나는 책임을 나누기 위함이다. 하나의 문서를 가지고 여러 사람이 단계를 거쳐 가며 검토를 하면서 실수를 줄일 수 있다. 기안자의 생각과 다른 것이 있다면 서로 의견을 나누고 조율한다. 문서를 기안한 목적이 무엇인지, 잘못 판단한 부분이 있는지, 사규를 위반하지는 않았는지 크로스체크 (Cross-Check) 한다. 그럼에도 불구하고 문제가 생긴다면 그 책임을 함께 진다. 한 사람에게 모두 부담시키지 않으려는 구조다. 이걸 나쁘게 보면 아무도 책임지는 사람이 없다는 말로 해석되기도 한다.

이런 구조 때문에 최종결재까지 받는 데는 다소 시간이 필요하다. 신입사원들이 놓치기 쉬운 부분이 바로 이 부분이다. 물론 신입사원들이 기안을 해서 결재까지 받을 일은 많지 않다. 그러다보니 결재를 올리기만 하면 바로 결재가 되는 줄로 안다. 그러나 당신의 결재라인에 있는 사람들은 당신이 결재만 올리면 해주려고 대기하고 있는 사람들이 아니다. 급하게 서둘러야 하는 상황이 되기 전에, 미리미리 준비했다가 처리하는 게 일 잘하는 사람으로 인정받는 지름길이다. 행여나 지금 당장 처리해야 한다며 퇴근시간이 다 돼서 결재판을 들이밀었다가는 그동안 뭐 했냐는 소리를 듣기 십상이다. 때문에 처장까지 결재를 받아야 하는 일이라면, 그 전에 차장, 부장이 검토하고 나중에 실장, 처장이 결재할 시간적인 여유를 가지고 일을 처리해야 한다.

또 차장이나 부장이 한 번에 결재를 해 줄 거라고 생각하고 일을 했다가는 낭패를 볼 수 있다. 대부분의 경우, 당신의 상사들은 당신의 기안문에서 하자를 발견해 낸다. 어떤 상사는 문서 전체의 방향을 바꾸거나 순서를 뒤섞을 수도 있다. 어떤 상사는 단어의 어감이나 문맥의 어색함을 지적할 것이다. 귀신같이 오타나 띄어쓰기를 잡아내는 상사도 있다.

예전에 필자가 모셨던 처장님 중에 한 분은 책상위에 빨간 돼지 저금통을 하나 두고는 오타 하나에 불우이웃돕기 500원씩을 내도록 하신 분이 계셨다. 덕분에 필자도 돼지 배를 꽤나 불렸다. 모 차장은 문서 하나 보고하면서 만 원을 내기도 했다. 그 차장이 서툴거나 신중하지 못해서 그런 게 아니다. 사실 오타라는 게 정말 신기하다. 본인이 작성한 문서에서 본인이 오타를 찾는다는 게 정말 쉽지 않다. 몇 번을 보고 또 보고, 문서작성 프로그램의 '맞춤법' 도구를 써 봐도 어디선가 오타가 삐져나온다. 세 번을 고쳤는데 또 나온 적도 있다. 기가 막힐 노릇이다. 더 신기한 것은 혼자서 두 번 세 번 쳐다 볼 때는 그렇게도 보이지 않던 것이 처장님 앞에만 가면 보인다는 것이다.

우리는 일반적으로 외국계 기업은 수평적이고 개방적인 반면에 국내 기업은 수직적이고 위계적이라고 알고 있다. 그러나 한 연구결과에 따르면, 이런 판단은 각 기업의 문화 차이라기보다는 과거에 존재했던 조직문화에 대한 인식이 바뀌지 않은 탓이라고 한다. 차이가 있다면 그것은 해당 기업의 업종특성 때문이지 문화의 차이가 아니라는 것이다. 예를 들면 제조업에서, 국내 기업은 혁신과 변화적응을 즐기는 반면, 외국계 기업은 오히려 안정적이고 예측가능한 편안함을 선호한다.[23]

23) 이선미(연세대학교 교육대학원 석사학위논문, 2019. 02), 「조직문화 유형 인식과 직속 상사의 변혁적 리더십이 조직몰입에 미치는 영향 : 국내 기업과 외국계 기업 비교」

필자는 이 연구결과가 외국계 기업과 민간기업의 문화 차이에만 국한되는 것은 아니라고 생각한다. 분명 국내 민간기업과 공기

24) 김종환(서울대학교 행정대학원 석사학위논문, 2013. 08), 「공기업 조직문화 유형과 조직효성성 간의 관계에 관한 연구 : 한국공항공사를 중심으로」

업의 기업문화 역시 대변하고 있다고 생각한다. 사실 공기업은 요즘 젊은 층이 바라는 수평적이고 개방적인 조직문화와는 약간 거리가 있을 수 있다. 그러나 공기업이 위계질서와 명령계통을 통한 안정성만을 추구하는 것은 아니다. 오히려 공공성과 동시에 이윤 추구라는 '기업성'까지 함께 요구받고 있기 때문에 일반적인 공무원이나 공공조직과는 달리 '성과지향적'이기도 하다.[24] 다시 말해, 일반 민간기업과 같은 기업문화도 상당부분 자리 잡고 있다는 뜻이다.

그럼에도 불구하고 공기업을 향한 부정적인 인식은 아직도 변함이 없다. 얼마 전 한 신문은 '야구 동영상 보는 만년 과장도 정년보장 … 한국 공기업의 현실'이라는 다소 자극적인 기사를 냈다. 기사의 대부분은 공기업에서 7년간 근무하다가 퇴직하고 작가가 된 전 공기업 직원의 인터뷰 내용이었다. 그는 '삼성전자에 다니면 성과를 내야 하고 언제 잘릴지도 모르지만, 공기업에서는 야구 동영상만 보는 만년 과장도 정년까지 근무가 가능'하다며 일침을 가했다. 또 '공기업은 주 52시간제나 육아휴직 등 국가가 시행하는 복지제도는 우선적으로 칼같이 적용된다. 정부의 눈치를 보느라 억지로 하는 사기업과는 차원이 다르다면서, 신입사원으로 입사 후 출산과 육아휴직만으로 대

리로 자동 승진하는 사례'도 있었
다고 폭로하기도 했다.[25]

25) 〈아시아타임즈〉(2019. 04. 10.), 「야구 동영상' 보는 만년 과장도 정년보장 … 한국 공기업의 현실」

　어쩌면 공기업의 민낯을 가감 없이 드러낸 인터뷰라고 볼 수도 있다. 그러나 이런 비판은 떠난 자의 변명일 수 있다. 어느 기업에나 야구 동영상만 보다가 정년을 맞는 소위, '무임승차자'는 있기 마련이다. 그게 민간기업일지라도 예외는 없다. 때문에 만일 그가 작가가 아니라 다른 기업으로 이직을 했다면 거기서 또 그런 사람을 만났을 가능성이 크다. 게다가 그의 인터뷰에서도 드러났듯이 '그의 입사 동기 절반은 대기업을 다니다가 온 사람들'이다. 공기업의 기업문화가 싫다고 떠나는 사람도 있지만, 일부러 찾아오는 사람도 분명히 있다.

신의
직장에
신은
없다

일단 취업부터 하고 보자?

최악의 취업난이라는 얘기가 끊이질 않는다. 그리고 그때마다 지금보다 더 안 좋은 적이 없었다고

26) 〈머니투데이〉(2019. 07. 30.), 「취업난에도 … 1년차 신입이 회사 떠난 이유」

한다. 그럼에도 불구하고 한쪽에서는 기껏 입사한 직장을 퇴사하는 비율이 높아지고 있다. 2019년 현재, 평균 퇴사율은 17.9%에 달한다. 이들 중 입사한지 1년이 되지 않은 신입사원의 퇴사율은 무려 절반에 가깝다. 그리고 그들이 퇴사를 결정한 가장 큰 이유는 연봉을 포함해 처우가 좋지 않다는 것이었다.[26]

그럼 그들은 본인이 근무할 직장의 연봉이 얼마인지도 모른 채 원서를 내고, 시험을 치렀다는 말일까? 마치 20년 전의 필자처럼? 하지만 필자는 핑계라도 있다. 그때는 취업준비생이 회사에 급여가 얼마나 되는지 물어본다는 것은 상상도 할 수 없는 일이었다. 그러나 지금은 인터넷에서 마우스만 몇 번

클릭하면 얼마든지 알 수 있는 시대다. 그런데도 연봉 핑계를 댄다는 것은 좀 어설프다. 분명히 다른 이유가 있다.

〈그림 14〉 연차별 퇴사율 _ 〈머니투데이〉(2019. 07. 30.)

얼마 전, 필자는 한 신문의 헤드라인에 제대로 낚였다. '취업준비생 취업목표 2위 공기업, 3위 대기업 … 1위는?'이라는 제목의 기사였다. 아니, 공기업, 대기업이 각각 2위, 3위라면 도대체 1위는 어디란 말일까? 공무원일까? 아니면 의사나 변호사 같은 전문직일까? 궁금한 마음에 급히 마우스를 클릭했다. 어디였을까?

기사의 내용을 그대로 인용하자면, "최근 취업준비생 927명을 대상으로 '목표기업'에 대한 설문조사를 한 결과 '취업만 된다면 어디든 가겠다'고 답한 응답자가 29.1%로 가장 많았다"였다.[27]

그러니까 1위는 '어디든'이다. 기사를 쓴 기자에게 낚인 걸 생각하면 어이가 없었지만, 한편으로는 안타까운 마음도 들었다. 이 조사결과에는 어디든 취업하고 싶다는 젊은이들의 간절한 바람이 그대로 담겨 있었다.

짜장을 좋아하는 사람이 있듯이 짬뽕을 좋아하는 사람도 있다. 이것은 개인의 기호의 문제이지 옳고 그름의 문제가 아니다. 공기업을 선호하느냐, 대기업을 선호하느냐도 마찬가지다. 하지만 일단 아무 데나 취업만 하고 보자는, 일명 '닥치고 취업'은 대단히 위험한 발상이다.

27) 〈연합뉴스〉(2019. 10. 11.), 「취업준비생 '취업목표' 2위 공기업 · 3위 대기업 … 1위는?」, 1일 취업포털 잡코리아와 아르바이트포털 알바몬에 따르면 최근 취업준비생 927명을 대상으로 '목표기업'에 대한 설문조사를 한 결과 "취업만 된다면 어디든 가겠다"고 답한 응답자가 29.1%로 가장 많았다. 공기업과 대기업을 목표로 한다는 응답자가 각각 20.0%와 19.0%로 비슷했고, 외국계 기업(11.2%)과 중견기업(11.1%), 중소기업(9.6%) 등이 뒤를 이었다.

필자가 이렇게 말하는 데는 두 가지 이유가 있다.

첫째, 처음 접한 일이 평생직장이 될 가능성이 크기 때문이다. 아르바이트로 시작한 일이 평생 밥벌이가 되기도 하고, 일단 취업하고 보자고 들어간 직장에서 평생을 보낼 수도 있다. 이건 어쩌면 당연한 일이다. 일단 취업을 하고 나면 당신은 하루 종일 그 일에 매달릴 수밖에 없다. 건성건성해도 대가를 지불할 직장은 세상에 없다. 그런데 만약 당신이 성실하기까지 하다면? 다른 일을 찾아볼 겨를이 없을 만큼 열심히 일할 것이다. 결국 당신은 그 분야에 전문가가 된다. 때문에 사장은 당신이 그만두겠다고 할 때마다 급여를 올려주겠다며 유혹할 것이다. 당신도 말로는 그만두겠다고 하지만 마땅히 다른 대안이 없다. 시간이 흐르면 흐를수록 당신이 잘하는 일은 그 일밖에 없다.

이제 그곳은 평생직장이 된다.

두 번째는 첫 번째 경우와 정반대다. 일단 취업 자체에 목적이 있었기 때문에 적성에 맞을 리가 없다. 그런 걸 고려해서 취업했다면 '닥치고 취업'이라고 말할 수도 없다. 때문에 닥치고 취업한 사람은 일을 하면서도 계속해서 다른 일을 찾는다. 현재의 일에 최선을 다할 리가 없다. 이것은 모두에게 불행한 일이다. 당신에게 급여를 주는 회사의 사장은 물론 함께 근무하는 동료 직원에게도 피해가 될 뿐이다. 물론 당신도 괜한 곳에서 아까운 시간만 허비하는 것이다. 그럼에도 불구하고 당신은 운 좋게 이직에 성공한다. 그러면 남은 사람들은 어떻게 될까? 또 다른 사람을 채용해야 하고, 다시 일을 가르쳐야 한다. 당신에게 그랬던 것처럼 또 정을 주고 다시 상처받기를 반복한다. 불합리하다.

그래서 필자는 '닥치고 취업'을 위험하다고 말한다. 어렵더라도, 주변 사람들로부터 받는 스트레스가 심하더라도 내 평생직장을 구한다는 심정으로 첫 단추를 잘 꿰기를 바란다. 그렇게 해야 하는 이유는 다음 조사결과가 분명히 말해 준다.

28) 〈이투데이〉(2019. 09. 23.), 「구직자 4명 중 1명 "대기업만 간다면 '취업 재수' 가능"」. 23일 설문 결과에 따르면 구직자 4명 중 1명은 하반기 취업에 실패하면 내년 상반기 대기업 취업 재수를 하겠다고 밝혔다. 취업포털 인크루트와 바로면접 알바앱 알바콜이 구직자 1,118명을 대상으로 진행한 설문이다. 대안 중에서는 '어디든 입사, 이후 이직 할 것'이 29.9%의 득표로 1위에 꼽혔다. 2위의 '상반기 대기업 공채 재도전'(27.3%), 3위의 '중견중소 입사'(21.3%) 역시 각각 높은 선택을 받았다. 전체 응답자의 절반 가량은 중견중소 포함 어떤 기업인들 우선 입사한 이후 경력을 쌓고 이직을 고려할 계획인 반면, 응답자 4명 중 1명 꼴로는 취업 재수를 해서라도 대기업 입사를 희망하고 있는 것

한 설문조사 기관이 구직자를 대상으로 '만약 취업이 안 될 경우 어떤 대안을 갖고 있느냐'는 질문을 했더니, 응답자의 29.9%가 '어디든 입사 이후, 이직할 것'이라고 대답했다. 이들은 오로지 대기업을 목표로 삼고 있었기 때문에 일단 아무데나 입사했다가 이직하겠다는 생각을 하고 있다.[28] 그러니 입사 1년도 안 된 신입사원이 퇴사를 한다.

하지만 세상은 그렇게 호락호락하지 않다. 마음먹은 대로 되지 않는 일도 많다. 예를 들면, 기업들은 잦은 이직으로 인해 근속연수가 짧은 지원자를 좋지 않은 시선으로 본다. 이것은 필자의 추측이 아니라, 662개의 기업을 대상으로 설문조사를 한 결과이다.

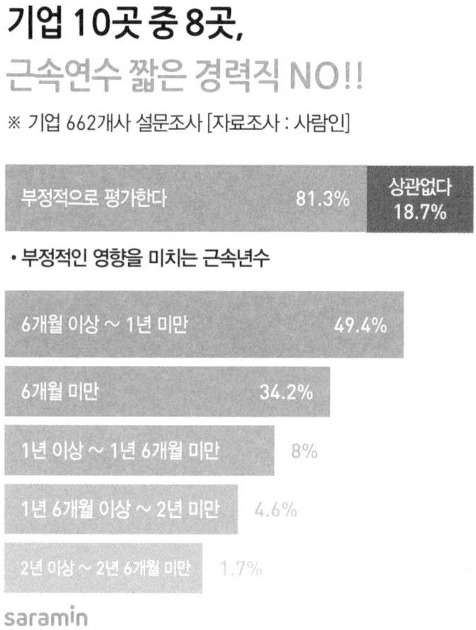

기업 10곳 중 8곳,
근속연수 짧은 경력직 NO!!

※ 기업 662개사 설문조사 [자료조사 : 사람인]

부정적으로 평가한다	81.3%
상관없다	18.7%

•부정적인 영향을 미치는 근속년수

6개월 이상 ~ 1년 미만	49.4%
6개월 미만	34.2%
1년 이상 ~ 1년 6개월 미만	8%
1년 6개월 이상 ~ 2년 미만	4.6%
2년 이상 ~ 2년 6개월 미만	1.7%

saramin

〈그림 15〉 기업 "이직 잦은 지원자 NO" _ 〈매일일보〉(2019. 08. 13.)

제3장 신의 직장에 신은 없다

앞의 그림에서 알 수 있듯이 무려 81.3%의 기업에서 '근속연수가 짧은 지원자를 부정적으로 평가한

29) 〈매일일보〉(2019. 08. 13.), 「기업 "이직 잦은 지원자 NO"」

다'고 답했다. 그중에서도 근속연수 1년 미만의 지원자를 가장 부정적으로 평가했다. 그들이 그렇게 판단하는 이유로는 '입사해도 오래 근무하지 않을 것 같다'는 의견이 거의 절반에 가까웠다. 실제로 조사에 응한 기업의 51.5% 는 지원자의 조건이 아무리 뛰어나도 전 직장에서 근무한 기간이 너무 짧으면 불합격 처리했다고 한다.[29] 일단 아무 곳에나 취업했다가 나중에 옮겨야겠다는 생각이 얼마나 위험한지를 일깨워주는 조사결과다.

운 좋게 이직에 성공했다고 해도 그것으로 끝나는 것은 아니다. 직장인 5명 중 3명은 '퇴사한 전 직

30) 〈일요서울〉(2019. 08. 28.), 「직장인 5명 중 3명, 예전 직장으로 재입사 생각 있어」

장으로 다시 돌아가고 싶다'는 생각을 했고, 실제로 이들 중 1명은 전 직장에 다시 입사한 것으로 조사됐기 때문이다. 그런데 이들이 재입사를 생각하게 된 이유가 재미있다. 이직하고 보니 오히려 전 직장이 더 괜찮은 편이었다거나 전 직장에서 했던 업무가 더 잘 맞았다는 것이다. 그러니까 이직한 회사도 별 다를 것이 없다는 것이다.[30] 구관이 명관이었다.

김난도 교수의 《아프니까 청춘이다》에 보면, 가지 않는 시계에 대한 이야기가 나온다. 김 교수는 책상위에 놓인 시계를 평소에는 정지시켜 놓았다가 매년 본인의 생일날 18분 앞으로 옮겨놓는다고 했다. 이건 무슨 행동일까? 그리고 왜 18분일까?

김난도 교수가 책을 펴낸 2010년, 대부분의 사람들이 생각하는 기대수명은 80세였다. 이 80년을 24시간으로 환산하면 1년은 18분에 해당한다. 그래서 김 교수는 매년 18분만 앞으로 가게 한 것이다. 그런데 그로부터 채 10년도 지나지 않은 2019년 현재, 사람들은 지금을 100세 시대라고 말한다. 그럼 1년은 18분보다도 더 작은 14.4분에 해당한다.

올해 필자는 우리나라 나이로 마흔 여덟이다. 이 나이는 691.2분(14.4분×48년)에 해당한다. 하루로 따지면, 오전 11시 31분 정도가 된다. 다행히 아직 점심시간이 지나지는 않았다. 그럼 이 책을 읽고 있는 당신은 몇 시쯤일까? 아마 대개 20대 초반에서 30대가 될 듯하나, 편의상 30세라고 가정해보자. 14.4분을 30년으로 환산해 보면, 432분, 즉 오전 7시 12분이다. 보통 사람의 경우, 이제 막 잠에서 깰 시간이다.

따라서 당신은 조금도 조급해 할 필요가 없다. '닥치고 취업'에 목숨 걸 필요가 없다. 오히려 지금은 '내가 진정으로 원하는 것이 무엇인가?'에 대한 고민을 할 때다. 그리고 만약 목표가 정해졌다면 그것을 이루기 위한 준비를 할 때다. 무턱대고 아무데나 일단 취업부터 하고 보자고 덤빌 때가 아니다.

필자가 어렸을 때만 해도 할아버지, 할머니가 60세가 되면 오래 사셨다는 축하의 의미로 환갑잔치를 했었다. 실제로 필자가 기억하는 할아버지의 모습은 환갑잔치 때 찍은 사진 속 모습뿐이다. 그때는 서른 살이라는 나이가 적지 않았다. 그때까지 직장을 구하지 못하거나 결혼을 하지 않으면 인생의 절반을 헛되이 보낸 사람이라는 낙인이 찍혔다. 생각해 보라. 겨우 60세만 되면 오래 살았다고 생각하던 시절에 그 절반에 해당하는 서른 살이 되도록 해 놓은 게 없다면, 주변에서 걱정하는 게 당연하지 않을까?

그러나 지금은 그런 시절이 아니다. 지금은 서른이어도 아직 오전 7시 12분일뿐이다. 예전처럼 점심때가 돼버린 게 아니다. 그러니 아직은 충분한 여유가 있다. 급하게 서두를 일이 아니다.

혁명의 시대에도 결국은 사람이다

최재붕 교수는 지금 세대를 가리켜 '포노 사피엔스(Phono-sapiens)'라고 부른다. 스마트 폰을 신체의 일부처럼 사용하는 인류라는 뜻이다. 실제로 포노 사피엔스들은 모든 정보를 스마트 폰을 통해 받아들인다.

필자는 아침에 스마트 폰 알람을 듣고 잠에서 깬다. 예전에는 자명종[31]이 따로 있었다. 눈을 뜨자

> 31) 자명종 : 미리 정하여 놓은 시각이 되면 저절로 소리가 나도록 장치가 되어 있는 시계

마자 스마트 폰으로 오늘 날씨가 어떨지 확인한다. 예전에는 TV에서 일기예보로 확인했다. 이후 출근할 버스가 몇 시에 집 앞 정류장에 도착하는지 스마트 폰으로 확인하고 집에서 나간다. 예전에는 무작정 나가서 기다렸다. 회사에 출근하면 스마트 폰으로 출근확인을 한다. 예전에는 출근부에 서명을 했다. 회사 인트라넷을 켜고 스마트 폰에 저장된 회사 OTP로 로그인을 한다. 예전에는 비밀번호만 입력하면 됐었다. 스마트 폰으로 간밤에 무슨 일이 있었는지 뉴스를 찾아본다. 예전에는 신문을 봤다. 사업소 지인의 경조사가 있어서 스마트 폰으로 이체한다. 예전에는 은행에 가서 이체했다. 점심으로 뭘 먹을지 스마트 폰으로 메뉴를 검색한다. 예전에는 먹던 것만 먹었다. 외근이 있어서 스마트 폰으로 택시를 불렀다. 예전에는 밖에 나가서 택시가 올 때까지 기다렸다. 마침 사무실에서 먹고 있던 비타민이 떨어져 스마트 폰으로 주문했다. 예전에는 약국에 가서 샀다. 저녁에 동료들과 소주 한잔할 곳을 스마

트 폰으로 검색한다. 예전에는 가던 곳만 다녔다. 스마트 폰으로 대리운전을 부르고 기다리고 있다. 예전에는 전화로 요청하고 배정되기를 기다렸다가 내가 어디에 있는지 열심히 설명해야 했다. 지금 필자만 이럴까?

스마트 폰으로 인해 시작된 이런 변화는 오랜 세월을 거쳐 진행된 게 아니다. 2007년 처음으로 출시된 아이폰이 스마트 폰의 대중화를 이끌었다고 본다면, 이런 변화가 시작된 때는 고작 10여 년 전이다. 하지만 이 10년 동안, 세상은 지난 100년 동안 일어난 변화보다도 더 크고 많은 변화를 겪었다. 그 속도도 엄청나게 빠르다. 그래서 최재붕 교수는 이걸 혁명이라고 했다. 그리고 이 혁명의 한 가운데에는 당신과 같은 '포노 사피엔스'들이 있다.

하지만 이런 변화에 빠르게 대응하지 못하는 것도 있다. 그 대표적인 것이 공기업이다. 정확히 말하면, 공기업의 조직문화이다.

아직까지 공기업에 근무하는 직원들은 본인의 업무방식을 바꾸기보다는 기존에 하던 방식 그대로 안정된 상태를 유지하려고 하는 경향이 크다. 한마디로 변화에 둔감하다.

이렇게 된 이유는 공기업이 신의 직장으로 불리게 된 이유와 깊은 관계가 있다. 공기업 직원은 일단 입사와 동시에 정년이 보장된다. 게다가 연봉이나 복지혜택마저 웬만한 민간기업보다 훌륭하다. 반면에 공기업의 태생적 특성인 공공성으로 인해 민간기업만큼 치열한 경쟁을 요구받지도 않는다.

그렇지만 이게 꼭 잘못된 것은 아니다. 공기업에서의 경쟁은 오히려 역효과를 불러일으키기도 하기 때문이다. 한 연구결과에 따르면, 일부 공기업에서 구성원들의 경쟁을 지나치게 강조하자 그들은 조직에

32) 정두환(위덕대학교 일반대학원 박사학위논문, 2019. 02), 「조직문화와 조직공정성이 직무만족과 조직몰입, 조직시민행동에 미치는 영향에 관한 연구」

방어적인 태도와 개인주의적인 행동을 취하기 시작했다. 그로 인해 조직의 응집력과 팀워크가 약화되는 부작용도 발견됐다.[32] 결국 공기업 조직문화의 특징은 변화보다는 안정, 경쟁보다는 협력에 있다.

자, 이제 여기에 두 가지 변수가 있다. 하나는 변화의 중심에 있는 포노 사피엔스이고, 나머지 하나는 변화에 둔감한 공기업 조직문화다. 언뜻 봐도 둘은 대치관계에 있다. 서로 어울리지 않는다. 그럼 이들은 어떻게 해야 조화를 이룰 수 있을까? 답은 생각보다 간단하다. 두 변수 중 하나가 변하면 된다. 어떤 것이 더 변하기 쉬울까?

이제 필자는 지금껏 아껴왔던 이야기를 하려고 한다. 필자가 지금껏 떠든 것은 결국 이 이야기를 하기 위함이다.

필자는 한 직장에서 20년 넘게 근속하고 있다. 처음에는 10여 명이 근무하는 소단위 오지 사업장에서 8년 넘게 근무했고, 그 뒤 50~60여 명이 근무하는 대도시 사업소로 이동해 다시 8년여를 일했다. 그리고 지금은 600여 명이 근무하는 본사에서 근무하고 있다. 처음 8년은 정비현장에서 일했고, 다음 8년은 사무실에서 기술행정을 했다. 그리고 지금은 본사에서 사업기획을 하고

있다. 이렇게 다양한 경험을 가진 선배로서 공기업 입사를 꿈꾸는 당신에게,
그리고 이제 막 직장생활을 시작한 당신에게 당부하고 싶은 게 꼭 하나 있다.

바로 '결국은 사람이다'는 말이다.

만약 당신이 지금 공기업 취업을 준비하고 있다면, 공기업의 조직문화에
대해 알고 있는지를 묻고 싶다. 만약 당신이 변화에 민감하고, 경쟁을 통해
능력을 인정받고 성과를 만들어내는 것에 특화되어 있다면, 지금이라도 다시
생각해 볼 것을 추천한다. 그런 조직문화를 가지면서 공기업보다 훨씬 좋은
조건의 직장이 얼마든지 있다.

만약 당신이 이미 공기업에 입사했다면, 이제 당신은 스펙의 환상에서 벗
어나야 한다. 더 이상 스펙은 중요하지 않다. 당신이 입사를 위해 열심히 갈
고 닦은 각종 스펙의 유효기간은 입사식과 함께 끝났다. 이제부터 유효한 것
은 오로지 '사회성'이다. 얼마나 인간적인지, 얼마나 잘 적응하는지, 얼마나
잘 어울리는지의 문제다.

조직에서는 혼자서 할 수 있는 일이 많지 않다. 대개 동료와 선배, 상사들
과 계속해서 주고받으면서 일을 한다. 따라서 필자는 당신이 당신의 직장 선
배나 상사를 '당신의 고객'으로 여기기를 바란다. 차라리 그 편이 직장생활을
하는 데 부담이 적다.

만약 당신이 지금 이 순간, 필자의 말을 믿고 따라올 맘을 먹었다면 이미
조직에 적응한 것이나 다름없다. 그 정도의 긍정적인 사고만 할 수 있어도 직

장생활은 어렵지 않다.

당신이 기왕에 당신의 직장 선배들을 '고객'으로 인정했다면, 이제 당신이 알아야 할 것은 '모든 고객은 항상 요구사항이 많다'는 사실이다. 하지만 다행히 그들은 당신이 엄청난 능력을 가졌을 거라고 생각하지는 않는다. 따라서 그들의 요구사항이라고 해봤자 당신이 감당할 수 없을 정도로 어려운 것이 아니다. 당신이 해야 할 일은 그저 그들의 말에 귀를 기울이는 것뿐이다. 그리고 그것은 곧 내 생각이나 고집을 내세우지 않는다는 말이다.

그렇다고 너무 기죽을 필요는 없다. 다행히 당신이 직장선배나 상사를 당신의 고객으로 모셔야 하는 기간은 그리 길지 않다. 길어봐야 고작 3년이다. 그 후엔 당신도 누군가의 선배가 되어 있을 것이다.

앞에서 필자는 당신이 이제 막 잠에서 깬 아침을 살고 있다고 말했다. 그럼에도 불구하고 벌써 직장생활을 하고 있다면, 당신은 다른 사람에 비해 엄청나게 빠른 편이다. 남들은 아직 잠에서 깨지도 않을 시간에 이미 출근을 했으니 말이다.

앞으로 일 할 시간은 엄청나게 많다. 이순신 장군에게 12척의 배가 남아있었다면, 당신에게는 17시간이라는 인생이 남아있다. 그러니 세상 사람들이 말하는 것처럼 벌써부터 성공을 향해 내달릴 필요는 없다. 오히려 인생을 좀 길게 볼 필요가 있다.

이제 막 출근을 했으니 세상 돌아가는 소식도 좀 듣고 커피도 한잔하면서 하루를 어떻게 만들어갈지 구상도 해 보자. 벌써 점심때(50세)가 됐거나 이미 오후 두 시(거의 60세)가 넘어간 사람들이 어떻게 사는지도 좀 보고, 그들의 얘기도 좀 들어보자.

Part II

공기업 신입사원에게

제4장

로마에
가면
로마법을
따르라

누구와 함께 일할 것인가?

앞에서 필자는 직장인이 퇴직을 결심한 가장 큰 이유가 연봉 등 처우 때문이라는 설문조사 결과를 소개했었다. 물론 그밖에도 과도한 업무량이나 회사의 불투명한 비전 등 여러 이유가 있다. 그러나 필자는 지금 소개할 조사결과에 가장 마음이 쓰인다.

한 설문조사 기관이 일과 직장 내 인간관계에 대해 조사한 결과 무려 응답자의 81%가 일과 사람

> 33) 〈매일일보〉(2019. 03. 20.), 「직장인 81% "선·후배 싫어 떠난다"」

중 퇴사에 더 영향을 미치는 것은 '사람'이라고 대답했다. 그런데 이 조사결과는 설문으로만 끝나지 않았다. 실제로 인간관계 때문에 퇴사를 결심한 사람이 54.4%에 달했다. 그리고 그들의 주된 갈등요인은 직장상사였다. 하지만 후배나 부하직원과의 갈등 때문에 회사를 떠났다는 사람도 적지 않았다.[33]

〈그림 16〉 회사를 떠나는 이유 _ 〈매일일보〉(2019. 03. 20.)

앞서 필자는 공기업에서 7년이나 근무한 직원이 퇴사를 선택한 이야기를 소개했었다. 그가 퇴사한 이유도 '사람'이었다. 사정을 들어보면 충분히 공감이 간다. 나는 바빠 죽겠는데, 곁에서 할 일 없이 야구 동영상이나 보고 있는 선배가 있다면 엄청나게 화가 날 것이다. 게다가 그 선배가 정년을 채울 때까지 함께 근무해야 한다는 생각까지 들면, 내 남은 직장생활은 더 암울해진다.

그렇다고 그 선배의 행태를 바꿀 수도 없다. 사람은 그렇게 쉽게 변하지 않는다. 만약에 그 선배가 누군가의 말을 듣고 변할 사람이었다면, 애초에 그런 모습을 보이지도 않았을 것이다. 때문에 이 사례는 상사와의 갈등 때문에 퇴사에 이르게 된 경우라고 할 수 있다. 그럼 후배와의 갈등 때문에 퇴사를 결심하는 사람은 없을까? 앞서 설문조사 결과에서도 살펴봤듯이 분명히 있다.

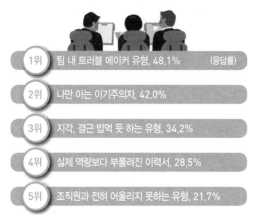

채용 피해야 할 유형 TOP 5

※ 기업 인사담당자 526명 대상 조사, 자료 : 잡코리아

- 1위 팀 내 트러블 메이커 유형, 48.1% (응답률)
- 2위 나만 아는 이기주의자, 42.0%
- 3위 지각, 결근 밥먹 듯 하는 유형, 34.2%
- 4위 실제 역량보다 부풀려진 이력서, 28.5%
- 5위 조직원과 전혀 어울리지 못하는 유형, 21.7%

〈그림 17〉 채용 피해야 할 유형 TOP 5 _ 이투데이(2019. 07. 31.)

한 설문조사 기관이 기업 인사담당자 500여 명에게 물어본 결과 '잘못된 채용으로 인해 후회한 적

> 34) 〈이투데이〉(2019. 07. 31.), 「채용 피해야 할 인재 유형 1위 '트러블 메이커'」

이 있다'고 대답한 비율이 무려 71.9%에 달했다. 그리고 그들이 후회하는 가장 큰 이유는 새로 입사한 직원이 일을 잘못한다는 것이 아니었다. 오히려 대인관계에 서툴거나 조직에 적응하지 못하는 신입사원을 문제 삼았다. 복수응답이기는 하지만, 팀에서 트러블을 일으키거나 자기만 아는 이기주의가 가장 큰 문제라고 대답했다.[34]

이 조사는 공기업 인사담당자들만을 대상으로 한 게 아니다. 때문에 이 조사결과는 어쩌면 경쟁을 당연하게 생각하는 민간기업조차도 조직 내 트러블

을 일으키는 직원은 좋아하지 않는다는 걸 말해 준다. 하물며 소위 안정을 추구한다는 공기업이라면 어떨까?

직장생활을 하면서 영원히 풀리지 않는 문제가 하나 있다. 바로 '일은 잘하는데 싸가지 없는 직원과 일은 못하는데 싸가지 있는 직원 중 누구와 함께 일할 것인가?'의 문제다. 많은 사람들이 이 문제에 선뜻 답을 내리지 못한다. 아니, 사람마다 주장하는 바가 다르다. 하지만 필자는 분명히 말 할 것이다. 후자를 택하겠다고.

얼마 전, 원자력 발전소에 기술팀장으로 있는 입사동기에게서 전화가 왔다. A팀장이었다. 작년 초, A팀장은 정기 인사이동에 맞춰 직원을 배정받으면서 일부러 도면독해능력이 뛰어난 직원을 요구했고 덕분에 그 분야에서 꽤나 인정을 받고 있던 B주임을 데려올 수 있었다. B주임의 실력은 대단했다. 얼마나 실력이 뛰어난지 기존 선배들도 몇 시간씩 걸려야 풀 수 있는 문제들을 순식간에 처리했다. 나중에 알고 보니 우리 회사에 입사하기 전, 관련 업계에서 근무한 경력이 있는 친구였다. 때문에 다른 부서에서는 자기네들이 B주임을 데려갔어야 했다며 부러워하기까지 했다. A팀장의 부서에서는 보물이 하나 들어왔다며 다들 좋아했다.

그런데 생각지 못한 문제가 생겼다. B주임은 직원들과 잘 어울리지를 못했다. 시키는 일은 기가 막히게 하는데, 하루 종일 말 한마디가 없었다. 오로지 일만 할 줄 알았고, 가끔씩 자리를 비울 때는 항상 스마트 폰으로 뭔가를 하고 있었다. 알고 보니 모바일 게임이었다.

B주임은 부서 회식에도 거의 참석하지 않았다. 근무시간에도 워낙 조용히 일만 하는 친구라 어떤 날은 출근했는지도 모를 정도인데, 그나마 회식에도 참석을 하지 않으니 대화할 기회가 없었다. 스스로 '왕따'를 자처하고 있다는 표현이 맞을 정도였다.

한번은 A팀장이 B주임에게 왜 회식에 참석하지 않는지 물었다고 한다. B주임의 대답은 "퇴근 후에는 PC방에 가서 게임을 해야 하기 때문에 빨리 가봐야 한다"는 것이었다. 어이가 없었지만 일 하나는 똑 소리 나게 하는 친구라 참기로 했다.

드디어 B주임이 결혼을 하게 됐다. 일반적으로 공기업에서는 결혼휴가로 일주일을 준다. 그런데 B주임은 무려 3주의 휴가를 냈다. 그동안 아껴둔 휴가를 한꺼번에 쓰겠다는 거였지만, 사무실에서 한 사람이 그렇게 오랫동안 자리를 비우게 되면 일처리가 밀릴 수밖에 없다. 게다가 다른 직원들의 눈초리도 예사롭지 않았다. A팀장도 그렇지만 필자도 지금껏 휴가를 3주씩이나 내는 직원을 본 적이 없다. 그래도 A팀장은 결혼하는 친구의 기분을 상하게 하고 싶지 않았다. 흔쾌히 다녀오라고 하고 다른 팀원들에게는 우리가 조금 더 노력하자며 설득했다.

휴가에서 돌아온 B주임은 다시 예전의 모습으로 돌아왔다. 결혼했다고 게임을 그만 둔 것이 아니었다. 그래도 일은 참 잘했다.

원자력발전소는 계획예방정비라는 것이 있다. 발전소를 정지시키고 그동안 쉬지 않고 작동한 설비들을 분해해서 점검하고 다시 조립하는 대규모 공사다. 공사기간도 짧게는 한 달, 길게는 두 달이 넘어가기도 한다. 이 공사를 할 때는 해당 사업소 소속 직원들만으로는 정해진 공사기간을 맞출 수 없기 때문에 다른 사업소에 근무하는 직원들의 도움을 받기도 한다. 그만큼 일손이 부족한 시기다.

그런데 그 공사를 딱 일주일 앞두고 B주임이 사고를 쳤다. 6개월짜리 육아휴직을 낸 것이다. 그렇잖아도 사람이 필요해서 여기저기 도움을 요청하고 있는데, 정작 자기 팀 직원이 휴가를 내고 쉬겠다는 거였다. A팀장은 '요즘 젊은 애들이 이런다'면서, '차라리 내가 그만두고 말지, 못 해먹겠다'는 하소연을 하려고 필자에게 전화를 한 것이었다.

여기서 잠깐, 다른 이야기를 먼저 하겠다. 우리나라를 '동방의 등불'이라고 예찬한 것으로 유명한 인도의 시인 타고르(아시아 최초의 노벨 문학상 수상자)와 관련된 일화이다.

어느 날 아침, 타고르는 마침 하인에게 시킬 일이 있었기 때문에 그가 출근하기만을 기다리고 있었다. 그런데 그날따라 하인은 약속된 시간보다 세 시간이나 늦게 나타났다. 기다리다 지쳐 화가 머리끝까지 난 타고르가 하인에게 소리를 질렀다.

"당신은 해고야! 당장 이 집에서 나가."

그러자 하인이 울면서 말했다.

"죄송합니다. 어젯밤에 딸아이가 죽어서 아침에 묻어 주고 오는 길입니다."

"……."

　사실 필자는 B주임에게 어떤 사정이 있는지 알지 못한다. 때문에 타고르의 과오를 반복할 수도 있다. 그럼에도 불구하고 B주임의 행동에 박수를 쳐줄 수는 없다. 사정이 있다면 서로 공유해야 한다. 적어도 팀장에게라도 알려야 한다. 그래서 공감을 얻어내야 한다. 조직은 혼자 일하는 곳이 아니다. 함께 어울리지 못하고 자꾸 트러블을 일으킨다면 어딜 가도 환영받기 힘들다.

변화보다는 안정이 최우선이다

　필자가 입사할 때쯤만 해도 휴대폰을 가진 사람이 많지 않았다. 휴대폰 하나 값이 거의 한 달 급여와 맞먹을 정도였으니 아무나 소유할 수 있는 물건이 아니었다. 그래도 필자는 어마어마한 거금을 주고 냉장고처럼 생긴 휴대폰을 하나 구매했다. 공기업에 입사했으니 그 정도는 누려도 된다고 생각했다. 당시 휴대폰은 두툼하면서 묵직한 게 급할 때는 망치 대용으로도 쓸 수 있을 만큼 크고 단단했다. 뒷주머니에 넣고 다니면 누가 봐도 휴대폰인 줄 알만큼 존재감을 드러내는 두께였다. 휴대폰을 뒷주머니에 넣은 채로는 의자에 앉을 수도 없었다. 때문에 한때는 휴대폰 때문에 '짝궁둥이'가 됐다며 우는 소리를 하는 게 '부의 상징'이었다. 그런 녀석이 어느 순간, 납작해지고 가벼워졌다. 여전히 불편한 게 있다면 배터리를 자주 갈아 끼워야 한다는 것이었다.

　혹시 '배터리공유서비스'라는 말을 들어본 사람이 있을까? 지금은 개인 라디오 방송인 '스푼라디오'의 대표로 있는 최혁재 대표가 2012년 창업했던 사업이다. 당시 스마트 폰은 배터리가 방전되면 지금처럼 충전기를 연결해 다시 충전하는 방식이 아니라 이미 충전된 다른 배터리로 교체하는 방식이었다. 그러니까 배터리만 충전하는 충전기 세트가 별도로 있었다. 따라서 사람들은 외출할 때마다 여분의 배터리를 따로 가지고 다니든지 그렇지 않으면 편의점 등에 설치된 휴대폰 충전기에 휴대폰을 꽂아두고 충전이 되기를 기다려야만 했다. 최 대표는 이 불편함에서 창업의 아이디어를 얻었다. 종류가 같은 배터리를 미리 충전해 뒀다가 배터리가 방전된 사람들을 위해 교체해 주자는 것이었다. 사업 이름도 '만땅'이었다.

렌터카처럼 배터리를 공유하자는 이 사업은 대박이 났다. 홍대 앞에서 시작한 길거리사업이 미국 실리콘밸리로 진출하게 됐고 그곳의 투자자들로부터 투자 제의를 받기도 했다. 물론 국내에서도 투자자가 줄을 섰다. 전국적으로 편의점을 운영하는 대기업과 계약도 체결했다.

그런데 2015년 여름, 승승장구하던 최 대표에게 충격적인 소식이 전해졌다. 삼성전자가 배터리

> 35) '세상을 바꾸는 15분' 873회(2017. 12. 19.), 「도전은 언제나 남는 장사입니다. 최혁재 마이쿤 대표」

일체형 스마트 폰을 출시한 것이다. 그때부터 스마트 폰 배터리는 더 이상 교체 대상이 아니었다. 결국 투자 제의는 모두 취소됐고, 계약은 파기됐다. 이미 투자사들로부터 받은 투자금은 모두 허공으로 날아갔고 오히려 빚까지 떠안게 됐다.[35]

혹시 이 이야기를 듣고 '역시 창업은 안 돼'라고 생각하는 사람이 있을까? 그렇다면 필자의 의도를 잘못 이해한 것이다. 이 이야기를 하는 이유는 창업이 위험하다거나 도전하지 말라는 뜻이 아니다. 오해 없기를 바란다. 게다가 최혁재 대표는 이후 실패를 딛고 당당히 일어섰다.

이제 다른 이야기를 해보자. '필름하면 코닥, 코닥하면 필름'인 시절이 있었다. 카메라 필름 업계의 전설적인 선두주자였던 코닥은 스마트 폰의 카메

라 기능을 무시했다가 작금의 상황에 이르렀다. 변화에 대응하지 못하고 옛날 생각만 하다가 관련 시장 자체가 사라져버리는 아픔을 겪어야만 했다. 어쩌면 코닥은 고객이 무엇을 원하는지를 몰랐을 수도 있고, 알기는 했지만 어떻게 대처할 방법이 없었을 수도 있다. 그에 반해, 우리나라 삼성전자와 LG전자가 변화에 대처하는 속도는 상당히 빨랐다. 지금 스마트 폰이 진화하는 속도를 보면, 두 회사는 고객의 요구에 맞춰, 아니 그보다 앞서 변화를 주도하는 듯하다. 끊임없이 새로운 제품이 개발되고 있다. 그러다 보니 새롭게 출시된 제품에서 생각지 못한 하자가 발생하기도 한다. 하지만 문제가 드러나면 다시 개선해서 출시하면 된다. 그 정도 시행착오를 두려워한다면 시장에서 살아남을 수 없을 것이다.

하지만 공기업은 다르다. 공기업의 고객은 국민 전체인 경우가 대부분이다. 그리고 그 국민이 공기업에 요구하는 것은 급격한 변화가 아니다. 변화하지 말라는 말이 아니라 완급조절이 필요하다는 뜻이다. 만약에 공기업이 최혁재 대표처럼 새로운 사업을 시작했다가 예상치 못한 주변 환경의 변화로 문을 닫는 일이 생긴다면 어떻게 될까? 반대로 삼성전자나 LG전자처럼 변화를 주도해 나가겠다며 시행착오를 거치는 것을 두려워하지 않는다면 그때는 또 어떻게 될까? 무슨 이야기인지 얼른 이해하기 어렵다면 다음 이야기도 들어보라.

누군가 지금 시대에 없어서는 안 될 최고의 필수재가 무엇이냐고 묻는다면 필자는 당연히 '전기'라고 대답할 것이다. 지금 전기는, 사람이 숨을 쉬고 사는 데 꼭 필요한 공기만큼이나 없어서는 안 되는 것이 되었다. 그런 전기를 생산하는 발전소에서는 새로운 부품을 사용하는 모험을 거의 하지 않는다. 만에 하나라도 오작동을 일으킬 수 있는 부품들은 절대로 사용하지 않는다는 뜻이다. 왜 그럴까? 새롭게 개발된 사소한 부품 하나의 오동작이 발전소 정지로 이어질 수도 있기 때문이다. 이것은 스마트 폰처럼 단순하게 한 개인의 문제로 끝나지 않는다. 국가적 재앙으로 비화될 수 있다.

그러면 발전소는 20년, 30년이 지나도 전혀 업그레이드가 되지 않는 걸까? 꼭 그렇지는 않다. 화력발전소의 경우에는 국내외 산업계에서 충분히 검증된 부품들이 간혹 새롭게 적용되기도 한다. 그조차도 핵심설비들은 예외다. 원자력발전소는 더 까다롭다. 화력발전소에서 충분히 검증된 제품들이라야 겨우 사용이 승인된다. 원자력발전소가 담당하는 발전량이 많은 탓이기도 하지만 안전에 대한 위험부담이 더 큰 이유다.

그런데 이런 곳에서 근무하는 직원들이 도전 정신으로 가득하다면 어떻게 될까? 새로운 것을 개발하고 시험해보고 싶은 열정이 가득하다면 어떻게 되겠냐는 말이다. 만약에 원자력발전소에 근무하는 직원들이 톰 소여(Tom Sawyer)처럼 모험적이고 호기심 가득한 사람들로 가득하다면, 그리고 그 사실을 전 국민이 알게 된다면 어떻게 될까? 편하게 발 뻗고 잘 수 있는 사람은 많지 않을 것이다.

결국 필자가 하려는 이야기는 기업의 상황에 따라 변화를 추구하는 방법이

다르다는 것이다. 공기업 직원들에게 필요한 것은 호기심이나 모험심이 아니라 안정을 추구하려는 심성이다. 다소 보수적이고 폐쇄적이라는 소리를 듣더라도 그 편이 최선이다.

세상에는 적극적인 도전과 모험이 필요한 기업도 있지만 그런 것이 오히려 독이 되는 기업도 있다. 필자는 그 대표적인 기업이 공기업이라고 생각한다.

경쟁이 아니라 협력이다

혹시 스프링벅을 아는가? 아프리카 남부의 건조한 초원이나 반사막에 사는 산양이다. 보통은 20~30마리씩 다니는데, 계절이 바뀔 때는 수천 마리가 떼를 지어 다니기도 한다. 문제는 여기서부터 시작한다. 수천 마리가 한 곳에 머무르다 보니, 앞서 가는 산양들이 풀을 먹고 지나가면 뒤에 오는 양들은 먹을 풀이 없다. 때문에 뒤에서 따라가던 산양들은 풀을 찾아 앞으로 이동하기 시작한다. 그러면서 자연스럽게 경쟁이 시작된다. 앞에 있던 산양들의 걸음도 빨라진다. 얼마 지나지 않아 모든 산양들이 뛰기 시작한다. 처음에는 그저 풀을 뜯어먹기 위한 걸음이었지만, 나중에는 왜 뛰는지도 모른 채 그냥 뛴다. 옆에서 뛰니까 나도 뛴다는 식이다. 분위기란 것이 이렇게 무섭다.

그러면 이들은 언제쯤 뛰는 것을 멈추게 될까? 안타깝게도 그들은 죽음에 이르러서야 경쟁을 멈춘다. 왜 뛰는지도 모른 채 내달리던 녀석들은 해안 절벽에 다다라서도 뛰는 것을 멈추지 못한다. 수천 마리가 한꺼번에 뛰어왔으니 앞에서는 멈추려고 해도 멈출 수가 없다. 그대로 바다로 뛰어들 수밖에 없다.[36] 하지만 이런 경쟁은 동물의 세계에서만 볼 수 있는 게 아니다.

> 36) 네이버블로그「김홍걸 강사의 행복 완전 정복」

필자가 중학교에 다닐 때는 매달 시험이 있었다. 특히 중간고사나 기말고사가 끝나고 나면 교문 앞에는 학년별 전교 석차가 적힌 커다란 벽보가 붙었다. 몇 반의 누가 전교 몇 등인지 세상 사람들이 다 알 만큼 큰 글씨로 적혀 있었다.

거기에 이름이 적힌 사람이야 기분이 좋겠지만, 그렇지 못한 사람은 그 앞으로 지나가기도 싫었다. 하지만 이름이 적혀 있다고 해서 모두가 기쁜 것은 아니었다. 앞에 적힌 사람과 뒤에 적힌 사람의 기분은 달랐다. 차라리 이름이 없으면 몇 등인지 모를 텐데, "누가 누구보다 더 잘하네." "어! 지난번엔 ㅇㅇㅇ이 1등이었는데 이번에는 밀렸네!"라는 소리를 들어야 했다. 지금 생각해보면 도대체 이게 누구를 위한 대자보였는지 모르겠다.

물론 당시 학교에서는 학생들에게 경쟁심을 부추기려고 이런 방법을 썼을 것이다. 말하자면 학교가 학생들에게 경쟁을 강요한 것이다. 옆에 앉아있는 친구를 밟고 올라가야 대자보에 이름을 올릴 수 있다고 가르쳤다.

오래 전 정우성, 고소영 주연의 '비트'라는 영화가 있었다. 영화에서는 '공부짱'인 고소영이 집에서는 코피가 터지도록 공부를 하면서도 학교에 가서는 친구들에게 "나 어제 야구장에 갔었어"라고 거짓말 하는 장면이 나온다. 공부했다고 하면 다른 친구들도 열심히 할까봐 방심하도록 만들려는 것이다. 나름 경쟁에서 이기기 위한 전략이지만, 역시 학교가 강요한 측면도 없지 않다.

이런 친구들이 공기업에 입사하게 되면 '멘붕'을 겪을 확률이 크다. 적어도 공기업에서는 성과를 가지고 개인을 줄 세우지는 않는다. 동료를 속여가면서 경쟁할 필요가 없다. 오히려 공기업에서 요구하는 것은 협력과 상생이다. 학교에서는 경쟁을 배우고 졸업했는데, 조직에서는 협력을 요구하니 혼란스러울 게 당연하다.

반복되는 이야기이지만, 공기업에서는 혼자서 처리할 수 있는 일이 거의 없다. 혼자 할 수 있는 일이었다면 어렵게 조직을 만들지도 않았을 것이다. 요즘은 민간기업에서도 구성원들의 서로 다른 개성을 융합해야 한다고 말하고 있다. 그래야 창조적 사고를 하게 된다며 협력을 부르짖고 있다. 기업에서 꼭 공부 잘하고 스펙이 뛰어난 사람만 채용하려고 하지 않는 이유가 여기에 있다. 만약 그런 사람만 필요하다면, 모두 대졸 사원들로만 채용하면 될 텐데 그렇게 하지 않는다. 왜 그럴까?

바로 다양성이 요구되기 때문이다. 한 연구결과에 따르면, 조직 내 다양한 근속기간, 학력 및 배경

37) 김지혜(서울대학교 행정대학원 석사학위논문, 2017. 04.)「공공기관 인력구성 다양성과 조직성과의 관계에 대한 연구」

을 가진 구성원들이 공존하게 되면 조직은 구성원들에게 내재되어 있는 다양한 경력, 경험, 기술 및 정보를 공유하게 될 뿐만 아니라 다양한 견해와 관점을 가지게 됨으로써 결국 성과에 긍정적인 영향을 준다고 한다.[37] 다양한 경험과 배경을 가진 직원들이 서로 협력을 통해 시너지를 낸다는 말이다.

그럼 이 협력은 어디에서 비롯될까? 필자는 그게 '공감'이라고 생각한다. 내 주변 동료들이 느끼는 것을 같이 느끼고 그들의 주장에 동의할 수 있는 능력 말이다.

벌써 20년이 다 되어가는 이야기다. 회사에서 해외교육의 기회가 생겨 독일에 간 적이 있다. 4주 동안 독일에서 지낼 기회가 생기자, 자연스럽게 스위스에도 가보고 싶었다. 그래서 그곳 직원에게 주말을 이용해 융프라우에 다녀오겠다며 방법을 물었다. 그러자 그 직원은 대뜸 스키를 탈거냐고 되물었다. 필자는 스키를 타려는 게 아니라 그저 융프라우를 보고 싶다고 말했다. 그때 그 직원의 대답이 지금도 잊히지 않는다.

"융프라우는 그냥 산이에요. 스키도 안 탈 거면서 거길 왜 가죠?"

이게 무슨 말이지? 필자는 그 직원의 말을 이해할 수 없었다. 안타깝게도 그때 필자는 필자의 주장을 장황하게 설명하지 못했다. '산은 스키를 타라고만 있는 것이 아니다.', '그러면 히말라야 에베레스트를 오르는 사람은 뭐냐?', '산에 오르면 맑은 공기도 마시고 높은 곳에서 아래를 내려다보며 호연지기를 기를 수도 있지 않느냐' 등등 하고 싶은 말은 많았지만 영어가 짧은 탓에 다하지 못했다.

공감하지 못하면 이해할 수 없다. 스위스의 직원은 이유 없이 산에 가겠다는 필자를 이해할 수 없었고, 필자는 이유가 있어야만 산에 간다는 그 직원의 말에 공감할 수 없었다. 공감하지 못하니 그 직원의 말에 따를 수도 없었다. 필자는 기어이 융프라우에 갔다. 아니 정확히 말하면 융프라우의 건너편에 있는 쉴트호른에 올랐다. 융프라우에 가면 융프라우를 볼 수 없다는 필자만의 논리였다.

한 연구결과에 따르면 공감 능력, 즉 동료에 대해 인식하는 생각, 믿음, 의도, 인식이 높은 직원일수록 직장 생활에서 불안감이 낮고 직무스트레스도 더 적게 받는다고 한다. 또 기뻐하는 사람을 보면 기뻐지고 슬퍼하는 사람을 보면 함께 슬퍼

38) 김남민(부산대학교 대학원 석사학위논문, 2016. 08.), 「동료에 대한 인지적, 정서적 공감이 조직 유효성에 미치는 영향 - 직무스트레스의 매개효과를 중심으로」

지는 것처럼 다른 사람의 감정상태에 민감하게 반응하는 공감능력이 뛰어날수록 자신의 직무에 대한 확신과 자신감, 효율성이 높아지며 덩달아 직무에 대한 만족도도 높아진다고 한다. 게다가 이런 공감능력이 높을수록 조직을 떠나려고 하는 이직의 의도가 낮아지게 된다고도 했다.[38]

결국 경쟁에서 이기라는 게 아니라 공감을 통해 협력하라는 말이다.

악법도 법이다

혹시 이탈리아 밀라노에 가게 되거든 항상 웃고 다녀라. 인상을 쓰고 거리를 활보하다가는 벌금형에 처하게 된다. 혹시라도 인상을 쓰고 있다가 단속에 걸렸다면 아프다고 둘러대라. 다행히 장례식장이나 병원에 가는 사람 그리고 병원 직원은 제외라고 하니 잘하면 빠져나올 수도 있다.

또 스위스에 가서는 밖이 아니라 숙소 안에서도 주의해야 할 것이 있다. 소음 공해에 엄격한 스위스는 밤 10시 이후에 화장실 변기 물을 내리는 것이 불법이라고 한다. 밤 10시가 넘으면 마려워도 참든지 아니면 밤새 냄새를 참아야 한다. 게다가 자동차 문을 세게 닫는 것도 불법이라니 혹시 화가 나는 일이 생기더라도 자동차 문은 천천히 닫아라.

미국 미시간에서는 아내가 남편의 허락 없이 머리카락을 자르면 불법이다. 아내 머리카락의 소유

> 39) ㅍㅍㅅㅅ(2018. 02. 21.), 「세상에 이런 법도 있어? 세계의 황당 법규 TOP 6」

주는 남편이기 때문이다.[39] 먼 옛날 우리나라에서는 '신체발부는 수지부모'라해서 머리카락을 자르지 않았는데, 미국에서는 '수지남편'인가 보다.

방금 소개한 것들은 우리 상식으로 봤을 때, 말도 안 되고 어처구니도 없는 법이다. 하지만 어쩔 수 없다. 로마에 가면 로마법을 따라야 한다. 싫으면 안 가면 그만이지, 이러쿵저러쿵 따질 것도 없다.

전 세계를 통틀어 구글이 지배하지 못하는 나라가 딱 두 나라가 있다고 한

다. 어디일까? 바로 대한민국과 중국이다. 우리나라에는 네이버가, 그리고 중국에는 바이두가 구글의 독주를 가로막고 있다. 그럼 그들은 어떻게 세계 최강 구글을 제치고 선두자리를 지킬 수 있을까?

바이두의 리옌훙 회장은 "악법도 법이다. 로마에 가서는 로마법을 따라야 한다"며 그 이유를 설명했다. 뜬금없이 이게 무슨 말인지 의아해 할 것이다. 여기에는 이유가 있다.

2006년 구글은 처음 중국시장에 진출하면서 중국 정부가 검색 결과를 검열해도 좋다는 조건을 받아 들였다. 이후 차츰 점유율을 확대해 가던 구글은 중국 정부의

40) 〈아시아경제〉(2010. 01. 14.), 「구글 '중국 철수' 초강수 … 현실화 될까」

41) 〈동아일보〉(2010. 03. 24.), 「구글, 중국사이트 'google.cn' 철수 왜?」

검열이 강화되고 정보 단속이 심해지자 향후 사업을 어떻게 할 것인지에 대한 기로에 서게 됐다. 당시 중국 정부는 '인터넷 검열은 협상의 여지가 없는 법률적 요구'라며 선을 긋고 있었기 때문에 구글로서는 '굴복이 아니면 철수'밖에 다른 도리가 없었다. 결국 구글은 중국 정부의 검열은 악법이며, 거기에 복종하는 것은 인터넷 자유를 포기하는 거라고 판단하고, 마침내 철수를 결정했다.[40][41] 이건 구글의 정책이기 때문에 옳고 그름의 의미가 없다. 그러나 바이두는 정부의 검열을 허락했고, 마침내 구글이 떠난 빈자리를 채웠다. 구글은 중국에서 중국법을 따르지 않았고, 바이두는 따랐다. 두 회사의 차이는 그뿐이다.

공기업에 입사한 당신도 마찬가지다. 공기업만의 특수하다면 특수한 기업 문화에 따라야 한다. '무슨 이런 경우가 있어?'라고 따질 일이 아니다. 그럴 줄 모르고 입사했다면, 그건 당신의 불찰이다. 밀라노에 가서 인상을 쓰고 다니다가 벌금형을 받았다면 그건 법에 문제가 있는 게 아니라 그렇게 한 당신에게 문제가 있다. 싫으면 밀라노에 가지 않으면 되고, 공기업에 지원하지 않으면 그만이다.

분명 공기업에는 불합리한 것들이 있을 수 있다. 구시대의 케케묵은 유물들이 여전히 존재한다. 그럼에도 불구하고 장점들도 많다. 그런 장점들은 몇몇 단점들을 커버하고도 남는다. 많은 취업준비생들이 공기업을 선호하는 것도 그 때문이다. 어처구니없는 법이 있어도 스위스나 밀라노를 가고 싶어 하는 사람들이 줄을 서 있는 것과 마찬가지다.

여기까지 왔다면 당신은 공기업에서 요구하는 신입사원의 모습이 어떤 것인지 어느 정도 알았을 것이다. 굳이 요약하자면, 민간기업은 특별한 전문성을 요구하지만 공기업은 전문성보다는 협력이 더 우선이라는 것이다. 전문성을 따질 거라면 순환근무제도를 시행하지도 않을 것이다. 요즘 스펙보다는 '직무 적합도'를 따지는 것도 이런 이유에서 비롯됐다고 생각된다.

지금 이 책을 읽고 있는 독자가 이미 신입사원이라면, 입사를 축하한다는 말은 이미 수차례 들었을 것이다. 따라서 필자까지 반복할 필요는 없을 듯하다. 대신 필자는 공기업 신입사원이 된 당신에게 다른 이야기를 하려고 한다.

지루할 수도 있고, 황당할 수도 있다. "어디서 '꼰대' 같은 소리냐?"고 할 수도 있다. 하지만 필자는 이 이야기를 하지 않을 수 없다.

　신입사원일 때는 상사나 선배들이 하라는 대로, '예스맨'으로 사는 것도 나쁘지 않다. 당신의 생각에 합리적이지 않은 일이라도 지금 당장 반항하거나 부당함을 지적하기에는 당신의 경력이 너무 짧기 때문이다. 그렇다고 모든 것에 무조건 'Yes'를 외치라는 말은 아니다. 분명한 예외가 있다. 예를 들어, 불법이나 비리에 연루되는 일, 성희롱이나 성추행에 해당하는 것은 반드시 'No'라고 말해야 한다.

　또 한 가지, 필자가 다음 장에서 할 이야기들은 입사 1~2년차의 신입사원에게 당부하고자 하는 이야기다. 입사하고 3~4년이 지나 후배들이 들어오고, 중견사원이 되었을 때쯤에는 그다지 해당사항이 없는 내용들이다. 그때는 스스로 판단해서 할 일이다. 그러니 희망을 갖고 잠시만 견뎌보자는 심정으로 들어주기를 바란다.

〈그림 18〉 '철강왕' 카네기 사무실에 걸려 있던 그림

앞의 그림은 '철강왕' 카네기가 벽에 걸어놓고 봤던 그림이라고 한다. 그림의 풍경은 그저 바닷가 모래밭에 덩그러니 넘어져 있는 평범한 나룻배의 모습이다. 그러나 그 아래에는 세상 그 어느 것보다도 소중한 글귀가 적혀 있었다.

'반드시 밀물이 밀려오리라. 그날 나는 바다로 나아가리라.'

카네기는 이 그림을 보면서, 밀물이 밀려올 그날을 기다리며 춥고 배고픈 날을 견뎌냈다. 그리고 마침내 세계적인 부호가 되었다. 당신에게도 당신이 생각하는 '비정상'을 '정상화'할 그날이 분명히 온다. 그러니 지금은 'YES'를 외칠 때다.

삼국지로
배우는
공기업 생활
Tip
네 가지

들어가기에 앞서

《정사 삼국지》는 중국 진나라의 학자 진수가 쓴 위(魏), 촉(蜀), 오(吳) 세 나라의 역사서이다. 그리고 각각의 나라들을 대표하는 인물로 조조(위), 유비(촉), 손권(오)이 있다. 하지만 우리에게 더 익숙한 것은 이 정사를 바탕으로 엮은 《소설 삼국지》이다. 그리고 필자가 지금부터 신입사원들의 슬기로운 공기업 생활을 위한 Tip을 이야기하면서 예로 드는 일화들은 《정사 삼국지》 (휴머니스트), 《삼국연의》 (비봉출판사), 이문열 《삼국지》 (민음사) 그리고 황석영 《삼국지》 (창작과비평)에 있는 이야기들을 기초로 한 것이다.

Tip 1 예의를 지키자

인사는 기본 중의 기본이다

직장 선배들이 신입사원들에 대해 이야기하면서 가장 많이 하는 말이 뭘까?

"이번에 새로 온 직원 있잖아. 걔는 토익 점수가 900이래!"

"그 이야기 들었어? 걔 SKY 출신이래."

"○○팀에 △△씨 있잖아요? 글쎄 그 친구는 회계사 자격증이 있대요."

이런 말을 많이 할 것 같은가? 그렇지 않다. 그런 거에는 별로 관심도 없고, 요즘말로 '그래서 어쩌라고?'일 뿐이다. 안타깝지만 선배들의 술안주로 오르내리는 말들은 대부분 이런 것이다.

"◇◇씨 말이야. 도대체 예의가 없어. 인사 할 줄을 몰라."

"아. 그래요? 저는 저한테만 그런 줄 알았는데. 선배님한테도 그래요?"

"○○부서의 C사원 아시죠? 그 사원은 항상 얼굴이 어둡던데. 혹시 왜 그런지 아세요? 선배들이 너무 스트레스 주는 거 아니에요?"

"나도 그 친구 볼 때마다 기분이 썩 좋지 않아. 근데 그 친구는 원래 표정이 그렇다네."

"에이, 얼굴 표정이 좀 어두운 걸 가지고 뭘 그러세요. D사원 아시죠? 그 친구는 도대체 직장생활을 하는 건지 학교를 다니는 건지 아직도 구분을 못 하는 것 같아요."

"아! D사원. 정말이지 그 친구는 개념이 없는 것 같더라고. 사람이 네 가지가 없어. 네 가지가."

혹자는 '어디서 꼰대 같은 소리냐?'고 할 테지만, 이것이 팩트다.

회사에서 당신의 이미지가 만들어지는 데는 1년이면 충분하다. 그리고 그렇게 만들어진 이미지는 당신이 퇴직할 때까지 따라다닌다. 물론 그것은 당신이 만든 것이다. 그러니 처음에 잘 만들어둬야 하지 않을까?

2017년, 일산 킨텍스에서 열린 '차세대 리더 육성 멘토링 리더십 콘서트'에 참석한 이낙연 총리는 학생들에게 4차 산업혁명이나 혁신이 아닌 '예의'에 관한 이야기를 했다. 다음은 국무총리가 하야사카 시게소의 책에 나오는 이야기라면서 소개한 내용이다.

> 일본의 다나카 가쿠에이[42] 수상은 비서관을 채용하기에 앞서 직접 면접을 봤습니다.
>
> "하야사카 군, 내 앞에서 인사를 해보게."
>
> 하야사카가 인사를 합니다. 다나카 수상이 말합니다.

> 42) 다나카 가쿠에이, 일본의 정치가. 니가타 현[新潟縣] 출신. 제64~65대(1972. 07.~74. 12.) 총리 대신

"한 번 더 해보게."

하야사카가 다시 인사를 합니다.

다나카 수상이 다시 말합니다.

"한 번 더 해보게."

영문을 모르는 하야사카는 다시 한 번 더 인사를 합니다.

그러자 다나카 수상이 말합니다.

"안 되겠군. 나하고 같이 인사하세. 자, 시~작."

둘은 서로 마주보고 서서 인사를 합니다.

"다시, 한 번 더 하세."

둘은 또 서로 인사를 합니다.

"됐네. 내일부터 출근하게."

다나카 수상은 함께 일하게 될 비서관에게 인사하는 법부터 가르쳤습니다. 본인이 직접 허리를 숙여 인사하는 것을 보여준 것입니다. 나중에야 수상의 의도를 눈치 챈 하야사카가 수상이 인사하는 법을 그대로 따라하자, 수상은 그제야 비로소 비서관의 출근을 허락했습니다.

이낙연 총리는 이 일화를 소개하면서 "인사를 한다는 것, 그리고 인사를 공손하게 한다는 것, 이것이 첫 번째입니다"라고 말했다.

43) YouTube/VIDEOMUG(2017. 09. 25.), 「이낙연 총리 "꼰대의 잔소리 같은 말씀 드려 미안하지만."」

더불어 총리는 "높임말에 실수가 없어야 합니다. 저와 함께 일하는 젊은 사람들이 저에게 가장 크게 혼나는 경우는 존경어가 틀린 문장을 써 오는 경우입니다. 그 정도의 사람이라면 다른 것은 볼 것도 없습니다"라고 딱 잘라 말했다.[43]

〈그림 19〉 '하트' 만든 대통령과 총리 _ 〈연합뉴스〉(2017. 05. 31.)

이 그림은 2017년 문재인 대통령이 청와대에서 열린 총리 임명장 수여식에서 이낙연 총리에게 임명장을 수여한 뒤 인사하고 있는 모습이다.[44] 둘이 인사하면서

44) 〈연합뉴스〉(2017. 05. 31.), 「'하트' 만든 대통령과 총리」 (서울=연합뉴스) 백승렬 기자 = 문재인 대통령이 31일 오후 청와대에서 열린 총리 임명장 수여식에서 이낙연 총리에게 임명장을 수여한 뒤 인사하고 있다. 2017. 05. 31.

하트를 만들었다고 해서 더 유명해진 그림이기도 하다.

이것이 인사의 표본이자 예의의 실체다. 한 나라의 총리가 2천여 대학생들이 모인 자리에서 이것이 첫 번째라고 강조할 만큼 중요하다. 아무리 시대가 변하고 자유분방해졌다고 하지만 서구에서처럼 손을 들어 '하이'를 외칠 수는

없는 일이다.

인사 이야기를 하면 생각나는 두 사람이 있다. 그중의 한 명은 E처장이다. E처장은 사무실로 찾아오는 사람들이 많았다. 무슨 이유인지는 모르지만 그들은 E처장을 찾아와 한참동안 이야기를 나누다 가곤 했다. 이때 보통사람들 같으면 의자에서 일어나면서 서로 인사를 하고 헤어지기 마련인데, E처장은 꼭 본인의 사무실에서 밖으로 나와 엘리베이터 앞까지 배웅을 했다. 이미 직급이 처장인데도 본인보다 직급이 높든 낮든 상관치 않고 그렇게 인사를 했다. 필자는 E처장의 그런 정성과 따뜻함 때문에 많은 직원들이 그를 따르는 거라고 생각한다.

또 하나 생각나는 사람이 F신입사원이다. 지금은 신입사원 딱지를 뗐지만 그때만 해도 생기발랄한 신입사원이었다. F사원은 인사하는 방식이 여느 신입사원과 달랐다. 보통의 경우, 나보다 높은 직급의 사람이 사무실에 들어서면 자기가 일하던 자리에서 일어나서 인사를 한다. 그런데 F사원은 자리에서 일어나기만 하는 게 아니라 인사할 사람에게 몇 발자국 다가가서 인사를 했다. 마치 너무 반갑다는 듯한 태도였다. 그러니 인사를 받는 사람의 기분이 어떻겠는가? 만약 똑같은 신입사원이 둘 있는데 하나는 제 자리에서 인사하고, 하나는 반갑게 다가와서 인사를 한다면 누가 더 기억에 남을까?

호감을 주려거든 웃어라

《삼국지》의 제갈량[45]은 방통[46]에게 유비[47]를 도와 뜻을 이뤄볼 생각이 없느냐며 접근했다. 혹시라도 자기가 없을 때 유비를 만나게 되면 꺼내 보이라며 추천장도 한 장 써 줬다. 그런데 공교롭게도 바로 그때 노숙[48]도 그를 손권[49]에게 추천했다.

방통이 먼저 찾아간 사람은 손권이었다. 그런데 손권은 방통을 보자마자 맘에 들지 않았던 모양이다. 나중에 필요하면 다시 부르겠다며 그냥 보내버렸다. 당황한 노숙이 지난 적벽대전[50] 때 조조에게 연환계[51]를 쓰게 한 장본인이 방통이라며 거듭 추천했지만, 이미 손권의 맘은 방통에게서 멀어져 있었다. 사실 방통은 손권이 적벽대전을 승리로 장식할 수 있게 한 일등공신이라 할 만한 인물이었다. 그럼에도 불구하고 손권은 방통을 면접에서 떨어뜨렸다.

45) 제갈량(181~234) : 중국 삼국시대 촉한(蜀漢)의 정치가 겸 전략가(네이버 지식백과/두산백과)

46) 방통(178~213) : 중국 삼국시대 촉한의 장수이자 군사. 제갈량을 와룡(臥龍)에 비유하였고 방통은 봉추(鳳雛 : 봉황의 새끼)라고 하였다. (네이버 지식백과/두산백과)

47) 유비(161~223) : 중국 삼국시대 촉한(蜀漢)의 제1대 황제(재위 221~223). 관우, 장비와 결의형제하였으며, 삼고초려로 제갈량을 맞아들였다. (네이버 지식백과/두산백과)

48) 노숙(172~217) : 중국 삼국시대 오나라의 정치인(네이버 지식백과/두산백과)

49) 손권(182~252) : 중국의 삼국시대 오나라의 초대 황제(네이버 지식백과 / 두산백과)

손권의 마음을 돌리는 데 실패한 노숙은 방통을 대하기가 민망했다. 때문에 유비에게 그를 추천하는 글을 써주며 찾아가 보기를 권했다. 이로써 방통은 유비 조직의 넘버2(제갈량)와 손권 조직의 넘버2(노숙)가 각각 써 준 추천장 두 장을 손에 들고 유비를 찾아갔다.

방통이 유비를 찾아갔을 때 마침 제갈량은 출장 중이었다. 덕분에 방통과 유비의 첫 대면은 제갈량이 없는 가운데 이루어졌다. 그런데 방통을 처음 대한 유비의 행동이 좀 이상했다. 유비는 웬일인지 대화에 집중하지 못했고 급기야 석연찮은 인사발령을 결정했다.

"마침 비어있는 자리가 없으니, 지방의 현령 자리라도 괜찮으시다면 일단 가 계시지요."

손권처럼 내쫓지 않은 것만도 다행이다 싶을 정도의 푸대접이었다.

그러면 이쯤에서 한 가지 궁금해지는 게 있다. 도대체 방통은 왜 자꾸 면접에서 낭패를 보는 걸까? 《삼국연의》의 표현을 빌리자면, 방통은 눈썹이 짙고, 코는 들창코이며, 검은 얼굴에 수염이 짧아서 그 모습이 괴이했다고 한다. 그러니까 얼굴만 봐도 불쾌할 정도였다는 것이다.

50) 적벽대전 : 중국 삼국시대인 208년에 후베이성 자위현의 북동, 양쯔강 남안에 있는 적벽에서 한 전투(출처 : 네이버 지식백과). 《삼국지》에 소개된 전투 중에서 가장 큰 전투에 해당한다. 유비와 손권이 손을 잡고 조조를 물리친 것으로 알려져 있다.

51) 연환계 : 중국 삼국시대 오나라 주유가 위나라 조조의 군사를 화공으로 물리칠 때, 방통을 보내어 조조로 하여금 군함을 쇠고리로 단단히 잇게 한 후 불태운 일(출처 : 네이버 지식백과). 군함이 서로 연결되어 있어 불길을 피할 수 없었다.

이제 이것은 상당히 복잡한 문제를 낳는다. 면접에서 외모가 얼마만큼 비중을 차지하느냐의 문제가 되기 때문이다.

일단 취업이라는 상황을 배제하고 일반적인 얘기부터 해 보자. 우리가 누군가를 처음 만날 때 가장 먼저 보는 게 뭘까? 사람마다 다 다르겠지만 대부분은 그 사람의 외모에 집중한다. 요즘처럼 블라인드 면접이라면 더더욱 그렇다. 그 사람의 성품이나 학력사항을 알 수 없으니 겉모습만으로 판단할 수밖에 없다. 물론 그런 폐단을 방지하기 위해 여러 가지 질문을 하고 어떻게 대응하는지 보는 것이지만, 일단 첫인상은 외모에서 판가름 나는 게 사실이다.

독자들 중에 한 번이라도 소개팅을 해 본 적이 있는 사람이라면 다 공감할 만한 게 있다. 사람들 중에는 처음 만났는데도 호감이 가는 사람이 있는 반면, 처음부터 별로인 사람도 있다는 사실이다. 이건 잘생겼다거나 예쁘다는 말과는 차원이 다르다. 비록 잘생긴 사람에게 호감이 갈 확률이 높을 수는 있지만, 꼭 그런 것은 아니다. 그럼 우리는 어떻게 해야 상대방에게 호감을 줄 수 있을까?

필자는 '호감이 간다'는 말을 다른 말로 '인상이 좋다'로 바꾸고 싶다. 그리고 '인상이 좋다'는 말은 곧 '웃는 얼굴'이라는 것으로 해석하려고 한다.

유재석 씨나 김제동 씨에게 잘생겼다고 말하는 사람보다는 호감이 간다고 말하는 사람이 많은 것도 그들의 유머러스하고 유쾌한 말솜씨와 더불어 항상 웃고 있는 얼굴 때문일 것이다.

또 '행복해서 웃는 것이 아니라 웃어서 행복하다'는 말이 있다. 일부러라도 입가에 웃음을 띠면 행복해진다는 것이다. 그리고 이건 본인만 행복해지는 게 아니라 그 모습을 보는 다른 사람들도 행복하게 만든다. 가장 대표적인 예가 어린 아기의 웃음이다. 아마 당신도 아기들의 웃는 얼굴을 상상하면 입 꼬리가 올라갈 것이다. 필자는 벌써 웃고 있다.

결국 웃는 얼굴이 호감을 주고, 웃는 모습이 사람을 행복하게 만든다. 이런 사실을 뻔히 알면서도

> 52) 〈인사이트〉(2016. 12. 25.), 「외신에 소개된 한국의 졸업선물 성형 수술」

우리는 '잘생김'이나 '예쁨'에만 집중한다. 맨 얼굴에 자신이 없어 화장을 하고, 화장으로 모자라면 성형을 한다. 몇 해 전 외신에서는, 우리나라에 고등학교 졸업이나 대학 입학을 축하하는 의미로 부모가 자녀에게 성형수술을 선물하는 문화가 있다고 전했다. 그러면서 한국에서는 외모가 일자리를 얻거나 경력을 쌓기 위한 무기가 되기 때문에 고등학교 졸업 후 성형수술은 사치가 아니라 필수코스라고도 했다.[52] 하지만 정말로 외모에 자신이 없어서 성형을 하는 사람은 많지 않을 것이다. 그저 '조금'만 고치면 더 나아보일 거라는 믿음 때문일 것이다.

만약 그렇게 해서 자신감을 얻을 수 있다면, 필자는 그것도 나쁘지 않다고 생각한다. 다만 본질을 놓치지 않기를 바랄 뿐이다. 좋은 물건의 포장이 예쁘지 않다고 해서 그 물건이 쓸모없어지거나 가치가 떨어지는 것은 아니다. 본질은 변함이 없다. 외모보다는 인품을 갖춰야 하고, 인품은 굳이 예쁘게 보이

려고 애쓰지 않아도 자연스럽게 드러난다. 향수를 아무리 꽁꽁 싸매도 그 향이 멀리 퍼지는 것과 같다. 그러니 너무 포장에만 몰두하지 말자. 특히 회사는 미스코리아나 미스터코리아를 선발하는 곳이 아니다. 영화배우나 탤런트 수준의 외모를 요구하지도 않는다. 게다가 당신은 이미 입사에 성공한 사람이다. 더 이상 외모에 신경 쓸 이유가 없다. 오히려 단정한 옷차림과 미소 띤 얼굴 그리고 친절함으로 무장할 때다. 앞서 말한 것처럼 당신의 이미지를 만들어 갈 때다.

술자리에도 지켜야 할 예절이 있다

직장생활의 꽃이 회식인 시절이 있었다. 필자가 처음 입사했을 때만 해도 퇴근하고 회식을 한다는 건 꽤 설레는 일이었다. 당시 필자는 결혼 전인데다가 다른 동기들과 함께 합숙소 생활을 하고 있었기 때문에 집에 가서 밥을 해먹지 않아도 된다는 사실 하나만으로도 충분히 기분이 좋았다. 더구나 공짜로 먹을 수 있다는데 싫을 이유가 없었다. 지금이야 워라밸(Work Life Balance)을 중요하게 생각하는 직장인들이 많아졌고, 덕분에 회식을 하는 횟수도 많이 줄어들었지만 그때는 그랬다. 자꾸 옛날이야기를 하면 '꼰대'라는데, 필자도 점점 그렇게 변해가는 듯하다.

시대가 변했지만, 여전히 직장생활에서 중요한 부분을 차지하고 있는 게 회식이다. 그리고 그 회식에서 빠질 수 없는 게 '술'이다. 물론 회사에서만 술을 마시는 건 아니다. 친지들이나 친구들과 만나도 술을 마신다. 어디에서 누구와 술을 마시든 마찬가지이겠지만, 특히 회사 내 회식자리에서는 맘대로 술을 마셔서는 안 된다. 대놓고 뭐라고 하는 사람은 많지 않지만, 은근히 술을 마시는 법, 즉 주도(酒道)를 따지는 사람들이 많기 때문이다.

기획재정부(Ministry of Strategy and Finance)
어제 오전 8:50 ·

[나경제와 말해요! '술자리예절']
모임이 많아지는 연말!
술자리 예절 알려드려요!

〈그림 20〉 술자리 예절 캠페인(기획재정부) _ 〈딴지일보〉(2015. 12. 30.)

앞의 그림은 몇 년 전, 기획재정부가 페이스북을 통해 야심차게 준비한 술자리 예절 캠페인이다. 얼마나 주도를 따지는 사람이 많으면 정부까지 나서서 술자리 예

> 53) 〈딴지일보〉(2015. 12. 30.), 「[시론] 대한민국 위계문화 다 족구하라그래!」, 얼마 전 기획재정부가 페이스북을 통해 야심차게 준비한 술자리 예절 캠페인은 욕만 잔뜩 처먹은 실패한 캠페인으로 끝났다.

절을 가르쳐주겠다고 한 것인지 모르겠다. 하지만 이 캠페인은 욕만 잔뜩 먹고 실패로 끝났다고 한다.[53] 너무 과하다는 의견이 지배적이었다는 것이다.

하지만 공기업에서 근무하고 있는 필자가 보기에 이 정도의 예절은 과하다고 생각하지 않는다. 꼭 술이 아니더라도 어른에게 뭔가를 주고받을 때는 두

손으로 하는 게 맞다. 우리가 어린 아이들에게 용돈을 주거나 선물을 주면서 가르치는 것도 그거 아닌가? 또 적당히 마시고, 취기에 실수하지 말자는 것은 당연한 말이다. 다만 술을 마시면서 고개를 돌리라거나 못 마셔도 첫 잔은 받으라는 말은 요즘 신입사원들에게는 다소 황당한 요구일 수 있겠다. 필자도 꼭 그렇게 해야 한다고 말하고 싶지는 않다. 다만 예전 선배들은 그렇게 배웠다는 것을 알아줬으면 좋겠다. 그 말인즉슨 선배들 중에는 그런 것을 요구하는 사람도 있을 수 있으니, 상황에 맞게 잘 대처하라는 뜻이다.

《삼국지》에서도 술 때문에 곤욕을 치른 사람들이 있다. 그중에서도 가장 독보적인 인물이 바로 장비(張飛)다.

유비는 도원결의 이후 10여 년 동안 수많은 전쟁을 치르고, 여러 곳을 떠돌아 다녔지만 성과가 없었다. 열심히만 했지 잘하지는 못했다. 때문에 그는 계속해서 떠돌이 생활을 할 수밖에 없었다. 그러다가 얻은 땅이 서주(徐州)다. 그러니까 서주는 유비가 태어나서 처음으로 얻은 사업밑천이었다.

이후 유비는 뜻하지 않은 전쟁에 휘말렸고, 어쩔 수 없이 원정을 떠나야만 하는 상황을 맞았다. 그렇다고 성을 완전히 비워둘 수는 없

> 54) 장비(?~221) : 중국 삼국시대 촉(蜀)나라의 무장. 유비, 관우와 함께 의형제를 맺었고 후한 말의 많은 전쟁에서 용맹을 떨쳤다. (네이버 지식백과 / 두산백과)

는 노릇이라 미덥지는 않지만 장비[54]를 남겨 성을 지키도록 했다. 대신 절대로 술을 마시지 말 것과 사졸들에게 폭력을 쓰지 말 것, 그 두 가지를 다짐받았다.

유비가 떠나자, 장비는 온 성에 금주령을 내렸다. 자기가 못 먹을 바에는 모두 다 못 먹게 하자는 심보였다. 처음 며칠은 장비도 별 탈 없이 잘 지냈다. 하지만 차츰 시간이 길어지자 술 생각이 나기 시작했다. 그래서 생각해 낸 게 금주의식이었다. 장비는 성안에 있던 부하들을 모두 불러 모으더니 엉뚱한 소리를 했다.

"평소 즐겨 마시던 술을 하루아침에 끊자면 섭섭하실 것 같아 오늘 이 자리를 마련했습니다. 오늘은 실컷 마셔 취하고 내일부터는 절대로 술을 마시지 말도록 합시다."

말하자면 딱 한 번만 더 마시고, 이후부터는 절대로 마시지 말자는 억지였다. 꼭 금연에 도전하는 사람들이 마지막으로 한 대만 피우고 그만 피우겠다는 말과 똑같다.

이후 장비는 부하들과 함께 술을 마시기 시작했다. 그 먼 옛날에도 '술 잔 돌리기'가 있었는지, 장비는

> 55) 조표(?~196) : 중국 후한 말의 무장(네이버 지식백과 / 삼국지 인물) 여포의 장인으로 알려져 있다.

부하들 한 사람 한 사람에게 술잔을 돌리기 시작했다. 이내 술잔이 돌고 돌아 조표[55]라는 장수 앞에 도착했을 때, 술잔은 더 이상 돌지 못하고 그 자리에 멈춰 섰다. 조표가 장비의 술잔을 거부한 것이다. 장비는 앞뒤 재보지도 않고 화부터 냈다.

"다른 사람은 다 마시는데, 왜 너 혼자만 안마시겠다는 거냐? 너만 이 상황에서 빠지겠다는 것이냐?"

장비의 성난 목소리에 겁에 질린 조표는 어쩔 수 없이 한 잔을 받아 마셨

다. 그러나 술잔은 거기서 멈추지 않았다. 다시 또 한 바퀴를 돌았고, 또 조표 앞에 도착했다.

"이번에는 정말로 마시지 못하겠습니다."

조표가 거절했지만, 이미 술에 떡이 된 장비는 억지를 부렸다.

"아까는 마셨는데, 왜 이제 와서 못 마시겠다는 거냐?"

술에 취한 장비는 조표에게 상관의 명을 어긴 죄를 묻겠다며, 채찍 50대를 때렸다. 이후 장비는 그동안 마신 술을 이기지 못하고 그대로 곯아떨어졌다. 하지만 얻어맞은

> 56) 여포(?~198) : 중국 후한(後漢) 말기의 장수로 《삼국지》나 《삼국지연의》 등에서 당시의 무장(武將)들 가운데 무용(武勇)이 가장 뛰어났던 인물로 묘사되어 있다. (네이버 지식백과 / 두산백과)

은 조표는 잠을 잘 수가 없었다. 억울함을 참지 못하고, 가까운 곳에 있던 사위 여포[56]를 서주성으로 끌어들였다. 술에 취해 자고 있던 장비는 제대로 힘 한번 써보지 못하고 여포에게 성을 빼앗겼다. 10여 년을 떠돌아다니다가 겨우 얻은 사업밑천을 술 한 잔 값으로 날려버린 것이다.

술이 과하면 꼭 탈이 난다. 특히 회사에서는 절대로 과하게 마셔서는 안 된다. 조직생활에서 문제를 일으키기 가장 쉬운 방법 중에 하나가 술 먹고 실수하는 거다. 차라리 못 마시면 못 마신다고 분명히 말해야 한다. 종교상의 이유나 건강상의 문제로 술을 마시지 못한다면 미리 양해를 구하면 된다. 또 특별한 이유는 없어도 마시고 싶지 않다면, "오늘은 컨디션이 좋지 않아 참겠습니다"라고 말하면 된다. 마시지도 못하는 술을 억지로 마시고 인사불성이

제5장 삼국지로 배우는 공기업 생활 Tip 네 가지

되거나 위아래를 못 알아보는 것보다 훨씬 낫다. 요즘 세상에 양해를 구하는데도 억지로 권하는 장비 같은 상사는 없다.

하지만 옛날에는 회사에 장비들이 차고 넘쳤다. 아주 오래 전, 회식자리에서 있었던 일이다. 그날따라 필자는 컨디션이 별로 좋지 않았다. 그래도 그런 내색을 할 수는 없었다. 가만히 자리에 앉아 같은 테이블에 앉아 있던 동료들과만 술잔을 주고받고 있었다. 하지만 대부분의 직원들은 메인 좌석에 앉아있는 상사에게 가서 술을 한 잔씩 권하고 받느라 분주했다. 필자는 '사람이 이렇게 많은데, 설마 내가 안 드린 걸 기억하시겠어?'라는 생각에 모른 척 자리를 지켰다. 그런데 회식이 끝나갈 무렵, 상사가 필자에게 말했다.

"자네는 왜 나한테 술 한 잔도 안 주나? 내가 모를 것 같아?"

정말이지 깜짝 놀랐다.

얼마 전, 필자는 이 이야기를 G사원에게 했다가 그 자리에서 꼰대가 됐다. "그게 도대체 언제 적 이야기냐"는 소리를 들었다. 필자도 잘 모른다. 그게 언제 적인지……. 너무 오래돼서 기억도 나지 않는다.

하지만 지금도 여전히 일부 공기업에는 술잔을 돌리는 문화가 남아있다. 우리 부서의 경우도 항상 그런 것은 아니지만, 그날그날 분위기에 따라 술잔을 돌리기도 한다. 분명히 그런 걸 좋아하지 않는 직원도 있다. 하지만 주위 사람들이 모두 돌리는데 자기만 가만히 있을 수 없기 때문에 어쩔 수 없이 거기에 동참한다. 좋아서도 돌고, 어쩔 수 없어서도 돈다. 그러다보니 풍차도 아닌 것이 잘도 돌아간다.

덕분에 직급이 높은 분들은 최소한 그날 회식에 참석한 사람의 숫자만큼 술잔을 받게 된다. 상사로서 직원들이 주는 술잔을 누구 것은 받고 누구 것은 안 받을 수 없기 때문이다. 말은 안 해도 그 다음날 몹시 힘들어하는 분도 있다. 사정이 이렇다면 도대체 왜 술잔을 돌리는 것일까?

필자가 생각해 본 이유는 이런 것이다. 우리나라는 서양처럼 와인이나 샴페인 잔을 들고 돌아다니면서 즐기는 파티문화가 아니다. 좁은 방안에서 식탁을 사이에 두고 마주 앉아서 식사를 하며 대화를 나누는 문화다. 그러다보니 식사가 끝날 때까지 한 자리를 지키면 내 좌우나 앞에 있는 사람하고만 이야기하다가 식사를 마치게 된다. 다른 사람들과는 이야기할 기회가 없다. 때문에 멀리 떨어져 있는 사람과 만나기 위해서는 술잔을 들고 돌아다닐 수밖에 없다. 밥그릇이나 국그릇을 들고 돌아다닐 수는 없지 않은가? 그러니 술잔 돌리기가 무조건 나쁜 것은 아니다.

옛날이야기에는 질색하던 G사원도 처음 우리 회사에 입사해서 '잔 돌리기' 문화를 접했을 때는, 뭔가 소속감 같은 것을 느꼈다고 한다. 선배들이 본인을 팀원으로 인정해주고 있다는 느낌이 들면서 기분이 좋더라는 것이다. 술잔을 돌리면서 소속감을 느끼고 서로 소통했다는 말이다.

하지만 요즘 입사하는 신입사원이나 취업준비생 중에는 '술잔 돌리기' 문화

143

가 없어져야 한다고 생각하는 사람들이 훨씬 많을 것이다. 일례로 G사원과 함께 공부하다가 다른 공기업에 입사한 친구들 중에는 선배가 술잔을 주면 일부러 마시지 않고 버티는 친구도 있다고 한다. 왜 술잔을 돌려야하는지 이해하지 못하기 때문일 것이다.

그래서인지 요즘은 회사에서 전체 회식 한 번 하기가 쉽지 않다. 특히 젊은 직원들은 퇴근 후에 이어지는 회식을 환영하지 않는 분위기가 역력하다. 하루 종일 얼굴 본 사람들과 굳이 저녁까지 먹고 싶지 않다는 것일 수도 있고, 내 돈 내고 내가 좋아하는 사람이랑 먹겠다는 뜻일 수도 있다는 생각이 들면 서운한 마음마저 든다.

윤홍균 원장의 《자존감수업》에는 "우리는 직장에 출근하기 위해서 사는 게 아니라, 퇴근 이후의 삶을 위해 살아간다"라는 대목이 있다. 솔직히 필자는 이 책을 읽기 전까지 그런 생각을 단 한 번도 해 본 적이 없다. 퇴근 후에 집에서 쉬는 것은 다음날 출근하기 위한 거라고 생각하고 살아왔다. 그래서 필자가 '꼰대' 소리를 듣는 건지도 모르겠지만 필자는 젊은 당신이 이 부분을 이해해 주기를 바란다. 필자를 비롯해 대부분의 선배들은 이런 생각으로 지금까지 일해 왔다. 그래서 최근 입사한 당신과는 생각이 많이 다르다. 꼰대라고 놀리기 전에, 선배들이 그렇게 살아왔기 때문에 지금의 우리나라가 있고, 당신이 그토록 간절히 입사하기 원했던 이 회사가 있다는 것을 알아 주길 바란다.

술 이야기를 하다 보니까 말이 많이 길어졌다. 이제 마지막으로 한 가지 당부만 하고 맺을까 한다. 절대로 음주운전은 안 된다. 음주운전은 분명한 범죄다. 괜찮겠지 했다가 한 방에 골로 가는 수가 있다. 특히 공기업에서는 사고와 관계없이 '원 스트라이크'면 아웃이다.

이성을 대할 때는 예(禮)를 갖추자

요즘 직장 내 성희롱이 뜨거운 이슈다. 주기적으로 교육을 하고 주의를 주고 있지만 끊임없이 문제가 발생하고 있다. 주로 남직원들이 가해자이고 여직원들이 피해자인 경우가 많다. 가해자가 된 남직원들이 흔히 하는 말 중에 하나가 "이런 것도 성희롱에 해당되는 거냐?"는 반문이다. 성희롱이 무엇인지에 대한 인식이 아직도 부족하다는 뜻이다. 우리나라 고용노동부에서는 직장 내 성희롱에 대해 이렇게 규정하고 있다.

「사업자. 상급자 또는 근로자가 직장 내 지위를 이용하거나 업무와 관련해 다른 근로자에게 성적 언동 등으로 성적 굴욕감 또는 혐오감을 느끼게 하거나 성적 언동 또는 그 밖의 요구 등에 따르지 아니하였다는 이유로 고용에서 불이익을 주는 것」

너무 길어서 얼른 이해하기 쉽지 않겠지만, 요약하자면 성적 굴욕감이나 혐오감을 느끼도록 하는 행위는 모두 성희롱이라는 말이다. 그리고 가장 중요한 것은 피해자가 불쾌하다고 느끼면 그것은 가해자의 의사와 상관없이 성희롱이 될 수 있다는 것이다. 어떤 직원들은 여성의 특정부위를 일정 시간 이상 쳐다봐야지만 성희롱에 해당한다고 잘못 알고 있는 직원들도 있다. 틀렸다. 중요한 건 몇 초 동안 쳐다봤느냐가 아니라 어떤 느낌으로 쳐다봤느냐이다. 0.5초 만에 스쳐봤어도 피해자가 불쾌함을 느꼈다면 성희롱에 해당될 수 있다.

이쯤 되면, 일부 독자들 중에는 "그럼 어쩌란 말이냐?"고 짜증을 내는 사람도 있을 것이다. 이성에 대한 관심이 그 어느 때보다도 왕성할 시기이다 보니, 당연히 본능이 이성을 앞설 때도 있을 것이다. 때문에 아예 쳐다보지도 말라고 조언하는 선배들도 있다. 그러나 한 사무실 내에서 함께 일하면서 어떻게 쳐다보지 않고 일할 수 있을까? 말도 안 되는 소리다. 오죽하면 그런 조언을 하겠냐마는 그건 답이 아니다.

그럼 도대체 어떻게 해야 할까? 필자는 '예의를 지키면 된다'고 말하고 싶다. 상대방을 이성으로 보지 말고 동료나 선후배로, 하나의 인격체로 보면 된다.

《삼국지》의 미축(糜竺)[57]은 원래 부유한 집안에서 태어나기도 했지만 스스로도 뛰어난 사업가였다.

> 57) 미축(?~220) : 중국 삼국시대 촉한의 신하이며, 유비의 처남(네이버 지식백과 / 두산백과)

한번은 사업차 낙양에 갔다가 돌아오는 길에 우연히 아름다운 여인을 만났다. 그녀는 미축에게 수레에 태워줄 것을 청했다. 요즘 말로 미녀가 히치하이킹을 한 셈이다. 미축은 당연히 그 요구를 받아들였다. 그런데 보통 남자들이라면 일부러라도 옆에 태우려고 할 것인데, 미축은 달랐다. 미녀를 수레에 태운 뒤, 본인은 수레에서 내려 걷기 시작했다.

미녀는 자기 때문에 걸어가는 미축에게 미안한 마음이 들었는지, 계속해서 함께 타고 가자고 졸랐다. 하지만 미축은 아무도 없는 수레에 여인과 단 둘이 앉아 있는 것은 예(禮)가 아니라며 타려고 하지 않았다. 그래도 여인이 계속해서 권하자 미축도 더 이상은 거절할 수 없었다. 그마저도 예가 아니라고 생각했다. 이후 수레에 올라 탄 미축은 단정히 앉아만 있을 뿐, 여인에게 수작을 걸기는커녕 곁눈질 한 번 하지 않았다. 그러자 미녀가 갑자기 수레에서 내리겠다면서 놀라운 이야기를 했다.

"나는 화덕성군으로 옥황상제의 명을 받아 그대의 집에 불을 지르러 가는 길이오. 그런데 그대가 나를 예(禮)로써 대하기에 이렇게 미리 말해 주는 것이오. 되도록 빨리 집으로 돌아가 재물을 건져내시오. 나는 오늘밤 그대의 집에 이를 것이오."

그리고 미녀는 사라졌다. 놀란 미축은 급히 집으로 달려가 집안에 있는 재물들을 모두 끄집어냈다. 과연 얼마 지나지 않아 부엌에서부터 불이 일기 시작하더니 온 집안을 태워버렸다.

물론 《삼국지》에 나오는 소설 속의 이야기이지만, 눈여겨 볼 것은 미축의 행동이다. 여인이 수레에 오르자 본인은 내려서 걸어갔다고 하니 말 다했다. 만약에 모든 남자들이 이런 매너를 가졌다면 아마 지구상에 성희롱이라는 단어는 생겨나지도 않을 것이다.

물론 성희롱의 가해자가 항상 남자인 것은 아니다. 매너를 지켜야 하는 것은 남자, 여자가 따로 없다.

조직에서는 친구가 없다

입사한지 얼마 지나지 않아, 필자는 사업소 직원들을 대상으로 하는 직무교육에 참석할 기회가 있었다. 당시 우리 회사는 IMF 외환위기로 인해 한동안 신입사원을 채용하지 않았다. 덕분에 필자는 어딜 가나 막내였고 누구를 만나든 모두 선배였다. 때문에 필자는 처음 만난 선배들에게 깍듯이 존댓말을 했고 그게 당연한 줄로 알았다. 그런데 나중에 알고 보니, 개중에는 입사는 필자보다 빠르지만 나이는 한참 어린 선배들도 있었다. 그러니까 필자는 대학을 졸업하고 입사했고, 그 선배는 고등학교를 졸업하고 바로 입사했던 것이다. 차라리 몰랐으면 아무렇지도 않았을 일인데 알고 나니까 기분이 묘했다.

'나를 신입사원 취급하던 그 선배가 나보다 더 어리다니! 그 선배는 내가 나이가 많다는 걸 알고도 그렇게 대했을까? 앞으로 나는 그 선배를 어떻게 대해야 되지?'

고민이 깊었다. 그나마 다행인 것은 서로 만날 일이 많지 않다는 것이었고, 서로 반말을 하지 않았다는 정도였다. 또 똑같이 직원이라는 것도 천만다행이었다.

아주 특수한 경우도 있다. H차장은 대학을 졸업하자마자 직원으로 입사해 지금은 차장으로 승격해 있다. 그에 반해 I사원은 대학을 졸업하고 곧바로 대학원에 진학했고 석사학위까지 받은 뒤, 여러 일을 전전하다가 마침내 우리 회사에 입사했다. 공교롭게도 H차장과 I사원은 같은 대학을 다닌 친구였다.

H차장은 이제 새로 입사한 I사원을 위해 이것저것 알려줄 게 많았고, I사원은 낯선 회사에 친구가 있다는 것만으로도 듬직했다. 하지만 둘은 밖에서는 친구였지만, 회사에서는 직장상사와 신입사원의 관계였다.

때문에 다른 것은 몰라도 호칭 문제에 있어서는 상당한 불편이 생겼다. H차장은 괜찮다고 했지만 I사원은 적어도 회사 내에서는 H차장에게 함부로 말할 수 없었다. 이게 버릇이 되자 퇴근 후 사석에서도 H차장은 편하게 말하는데, I사원은 존칭을 쓰는 불편한 상황이 이어졌다.

《삼국지》에서 허유(許攸)[58]는 조조[59]와 어렸을 적부터 친구였다. 조조의 청년시절은 물론 조조가 벼슬에 오른 뒤에도 계속 친구로 지냈는데, 어느 순간엔가 원소[60] 쪽으로 기울어져 있었다. 이후 원소가 어느 정도 기반을 닦았을 때는 이미 그의 모사가 되어 있었다.

훗날 조조와 원소는 서로의 명운을 건 큰 전쟁을 치르게 된다. 전쟁이 길어지자, 자연스럽게 싸우는 날보다 서로 대치하는 날이 더 많아졌다. 그러던 어느 날, 허유는 단번에 전쟁의 승기를 잡을 묘안을 원소에

58) 허유(?~204) : 중국 후한 말기의 정치인. 원소(袁紹)의 모사(謀士)였으나 관도(官渡)의 전투에서 조조(曹操)에게 투항하여 조조가 원소의 세력을 꺾고 승리하는 데 기여하였다. (네이버 지식백과 / 두산백과)

59) 조조(155~220) : 중국 후한 말기의 정치인으로 위(魏) 나라 건국의 기초를 닦았다. (네이버 지식백과 / 두산백과)

60) 원소(?~202) : 후한(後漢) 말기의 무인. 당시 정치적 부패의 요인인 환관들을 일소하고 정권을 독차지한 동탁에 대한 토벌군을 일으켰다. (네이버 지식백과 / 두산백과)

게 제시했다. 그러나 원소는 그 묘책을 알아 볼 안목이 없었다. 허황된 소리를 한다며 허유를 꾸짖고는 다시는 눈앞에 나타나지 말라며 내쫓았다. 자존심이 상한 허유는 그대로 조조에게로 가서 투항했다. 조조는 그런 허유를 열렬히 환영했다.

허유는 조조에게 가자마자, 원소의 식량창고 위치를 알려주며 모조리 불태워 버리자는 계책을 냈다. 그때 조조는 원소와 달랐다. 허유의 계책이 절묘하다고 판단한 조조는 그날로 야습을 단행했고, 마침내 그곳에 있던 군수물자와 병참을 모두 불태울 수 있었다. 사실상 전쟁의 승패가 거기서 갈렸다고 해도 좋을 만큼 큰 성과였다.

이후에도 허유의 활약은 계속됐다. 허유의 도움으로 관도대전을 승리로 이끈 조조는 원소의 본거지인 기주성까지 밀고 올라갔다. 다시는 일어서지 못하도록 확실히 해 두고 싶었던 것이다. 하지만 기주성은 방어에 최적화된 튼튼한 성이었다. 조조가 아무리 기를 쓰고 덤벼도 쉽게 무너뜨릴 수 없었다. 그때 허유가 결정적인 제안을 했다. 기주성 주변의 강물을 끌어들여 성을 수몰시키자는 것이었다. 기가 막힌 계책이었다. 조조는 허유의 제안에 따라 즉각 작전을 수행했고 마침내 기주성을 함락시켰다.

자, 이제 허유의 입지가 어떻게 됐을까? 허유로 말할 것 같으면, 한 나라의 승상[61]인 조조와는 어

61) 승상 : 중국의 역대 왕조에서 천자(天子)를 보필하던 최고관직

렸을 적부터 친구요, 어려운 전쟁 때마다 기가 막힌 작전을 제안해서 승리로 이끈 일등공신이었다. 때문에 허유는 스스로 기고만장해졌다. 함부로 으스대고 다녔다. 당연히 그럴만했다. 하지만 도가 지나쳤다.

하루는 조조가 군사들을 이끌고 기주성으로 들어가고 있는데, 멀리서 그 광경을 본 허유가 소리쳤다.

"아만아, 너는 내가 아니었으면 이 성에 들어오지도 못했을 것이다."

아만은 조조의 어렸을 적 별명이
다. 조조와 단 둘이 있을 때 그렇
게 말했다면 혹시 괜찮았을 수도

62) 허저(?~?) : 중국 위나라 장수로 조조의 호위군(네이버 지식백과 / 두산백과)

있었겠지만, 그때 조조의 주변에는 그를 따르는 수많은 부하들이 있었다. 그런데도 허유는 조조와 어렸을 적부터 친구였다는 이유로 현직 승상의 별명을 함부로 불러댔다. 게다가 자기가 없었으면 어쩔 뻔했냐는 식의 발언을 스스럼없이 해댔다. 그래도 조조는 그저 '허허' 하고 웃기만 했다.

미안하지만, 허유의 이런 행동을 좋아할 사람은 세상 어디에도 없었다. 그런데 허유만 그 사실을 몰랐다. 아는 거라고는 관도전쟁에서 승리하고, 기주성을 차지한 것이 모두 자신의 성과라는 착각뿐이었다. 덕분에 당시 허유의 자만심은 이미 최대치에 도달해 있었다. 결과론이지만, 허유는 거기서 멈췄어야 했다. 하지만 안타깝게도 허유는 조조의 맹장 허저[62]가 성문에 들어설 때도 조조에게 했던 말을 똑같이 했다.

"내가 없었더라면 어찌 너희들이 이 문을 자유롭게 드나들 수 있겠느냐?"

그때 허유가 모르는 것이 있었다면 허저는 조조와 다르다는 사실이었다. 허저는 그 자리에서 허유의 목을 쳤다.

그런데 이 사건에는 문제가 좀 있다. 허저가 아무리 조조의 신임을 받는 무장이라고는 하지만, 그렇다고 해서 조정대신을 함부로 죽여도 되는 것은 아니다. 그런데도 조조는 허저를 탓하지 않았다. 그 또한 허유가 못마땅했으나 참고 있었다는 증거다. 그러니 별 말이 없다고 해서 괜찮다고 생각한 허유만 불쌍할 뿐이다.

그럼 어떻게 해야 할까? 이 상황에 대해 《군주의 남자들》의 양선희 작가는 비교적 명쾌한 답을 제시한다.

"조직에선 친구가 없다. 어린 시절 친구라도 계급이 정해지면 그에 맞게 처신해야 한다. 그래서 조직에선 친구 모시기가 나이 어린 주인 모시기보다 어려운 법이다. 지위가 높아진 친구는 더 이상 친구로 생각해선 안 된다. 그는 상사일뿐이다."

물론 필자가 겪었던 경우처럼, 나이 어린 선배에게 깍듯이 한다는 게 내키지 않을 수도 있다. 또 이런 일이 생길 확률이 많지는 않지만, H차장과 I사원처럼 사회에서 친구였는데 회사에서 직장상사로 만나는 경우에도 존댓말을 하기가 어색할 수 있다. 그러다보면 자연스럽게 서로 대화를 하지 않게 된다. 시간이 가면서 마주치는 것 자체가 어색해진다. 결국 친구를 포기해야 하는 상황이 올 수도 있다. 그러니 처음부터 깔끔하게 상사로 모시는 게 서로 편할 수도 있다. 그게 조직이다.

분위기를 흐리지 말자

미꾸라지 한 마리가 연못을 흐린다

누군가가 취업에 성공했다는 것은 그가 그 회사에서 필요로 하는 조건을 이미 갖췄다는 것을 의미한다. 조건에 맞지 않았다면 합격을 시키지도 않았을 것이다. 때문에 선배들은 신입사원이 새로 들어오면, '이 친구가 일을 잘할까?'라는 걱정을 하지는 않는다. 오히려 그들은, 특히 조직의 리더는 '이 친구가 우리와 잘 지낼 수 있을까?'라는 걱정을 먼저 한다. 잘 적응해서 서로 도와가며 일할 수 있기를 바란다는 뜻이다.

후한 말, 동탁[63]의 횡포가 갈수록 심해지자, 조조는 전국에 흩어져 있는 제후들에게 함께 힘을 모아 역적 동탁을 치자는 격문을 돌

> 63) 동탁(139~192) : 중국 후한 말기의 무장이자 정치가. 소제(少帝)를 강제로 폐위시키고 헌제(獻帝)를 옹립한 뒤에 공포정치를 행해 후한의 멸망을 가속화하였다. (네이버 지식백과 / 두산백과)

렸다. 이때 모인 제후들은 모두 17명이었고, 그들이 이끌고 온 군사들은 그 수를 셀 수 없을 만큼 많았다. 소설에서는 사방 수백 리를 뒤덮을 정도였다고

하니 2002년 월드컵 응원을 위해 광화문에 모인 '붉은악마'들과는 비교도 못할 만큼 어마어마한 숫자였다.

제후들은 조조의 추천에 따라 사세삼공[64] 명문가의 후손인 원소를 연합군의 맹주로 추대하고, 그의 명령을 따르기로 했다. 이에 원소는 사촌동생 원술[65]에게 군량미를 조달하는 임무를 맡기고, 손견[66]을 선봉장으로 삼아 전쟁을 시작했다. 동탁도 연합군이 쳐들어온다는 소식을 듣고, 화웅[67]이라는 장수를 보내 성을 지키게 했다. 그러나 원래부터 화웅은 손견의 적수가 못됐다. 한 싸움에서 크게 지더니 성 안으로 들어가 다시는 나오질 않았다. 손견이 아무리 싸워보려고 해도 화웅이 받아주지 않자 자연스럽게 시간만 보내게 됐다.

> 64) 사세삼공(四世三公) : 원소의 집안이 4대에 걸쳐 모두 삼공(三公)의 직위에 있었음을 말한다.

> 65) 원술(?~199) : 중국 후한 말기의 무인 (네이버 지식백과 / 두산백과)

> 66) 손견(156~192) : 중국 후한 말기의 무장으로 황건의 난 토벌에 공을 세우고 동탁 토벌에도 가담하였다. (네이버 지식백과 / 두산백과)

> 67) 화웅(?~191) : 동탁의 맹장. 동탁 토벌군의 여러 장수를 베어 용맹을 떨쳤으나 관우에게 어이없이 죽는다. (네이버 지식백과 / 삼국지사전)

그때부터 문제가 생겼다. 병사들이 싸움을 하지 않는다고 해서 밥을 안 먹는 것은 아닌지라 시간이 갈수록 군량이 다해갔다. 이에 손견은 원술에게 군량미와 말먹이 풀을 보내달라고 요청했다. 그런데 이게 웬일인가? 원술이 이런저런 핑계를 대면서 아무것도 안 보내주는 게 아닌가! 결국 손견의 군사들은 굶는 날이 생겼고, 말은 배가 고파 걷지도 못할 지경에 이르렀다. 화웅이 그때를 놓치지 않고 손견을 급습하자 천하의 맹장 손견도 마침내 당해 낼 수 없었다.

그러면 원술은 왜 손견에게 군량을 지원하지 않았을까? 사실 원술은 연합 군에 합류하기 전, 손견과 힘을 합쳐 한 도시를 손에 넣었었다. 그런데 그 땅은 손견의 땅과 너무 가까웠다. 때문에 이번 연합작전에서 손견이 화웅을 무찌르고 큰 공을 세우기라도 한다면, 훗날 자신의 입지가 위태로워질 수도 있다고 생각했다. 때문에 일부러 손견이 공을 세우지 못하도록 지원하지 않은 것이다. 그러니까 원술은 능력이 없어서 지원을 못 한 것이 아니다. 사람 됨됨이가 못돼 처먹어서 하지 않은 것이다. 결국 원술이라는 미꾸라지 한 마리가 연합군의 첫 전투를 어처구니없는 패배로 만들었다.

연합군이 차려놓은 밥상을 두 번째로 걷어 찬 미꾸라지는 손견(孫堅)이다. 손견은 폐허로 변한 수도

> 68) 옥새 : 옥으로 만든 국새(國璽). 곧 국권의 상징으로 국가적 문서에 사용되는 인장(印章)을 이르는 말

낙양에서, 분실한 것으로 알려졌던 황제의 옥새[68]를 발견했다. 견물생심이라고 했던가! 눈앞에서 옥새를 본 손견은 슬며시 욕심이 생겼다. 옥새를 가지고 있다가 기회를 봐서 스스로 황제가 되어야겠다는 생각을 한 것이다. 많은 제후들 가운데서도 특별히 자신에게 옥새가 발견된 것은 어쩌면 하늘의 뜻이라고 생각했다.

얼마 뒤, 손견은 원소를 찾아가 몸이 좋지 않다는 핑계를 대며 고향으로 돌아가겠다고 했다. 예나 지금이나 학교가기 싫거나 곤란한 일이 생기면 아프

다고 핑계 대는 것은 똑같았던 모양이다. 하지만 이런 식상한 핑계는 언제나 들키기 마련이다. 그때 이미, 원소는 손견이 옥새를 가졌다는 첩보를 입수하고 있었다. 때문에 꾀병은 집어치우고 당장 옥새를 내놓으라고 손견을 윽박질렀다. 만약 옥새가 있다면 당연히 맹주가 보관해야 한다는 게 원소의 주장이었다. 하지만 한 번 없다고 한 말을 갑자기 뒤집을 수는 없는 노릇이었다.

"없는 옥새를 어떻게 내놓으라는 것이오?"

"다 알고 있으니 당장 내놓으시오."

한쪽에서는 없다고 하고, 한쪽에서는 당장 내놓으라고 맞서니 곁에 있던 제후들도 딱히 한쪽 편을 들기가 어려웠다. 바로 그때 손견이 강수를 뒀다.

"만약 내게 옥새가 있다면, 나는 제 명을 채우지 못하고 돌과 화살 아래 죽게 될 것이오."

손견이 목숨까지 걸고 나오자, 제후들은 모두 손견의 손을 들어줬다. 원소는 마치 자신의 옥새를 남에게 뺏긴 것처럼 억울하고 분했지만 어쩔 도리가 없었다. 그렇게 손견은 연합군에서 이탈했다. 그러자 나머지 제후들 중에도 이탈하는 무리가 생기기 시작했다.

손견. 이 한 사람 때문에 동탁을 물리치자며 어렵게 구성된 연합군이 목표를 이루기도 전에 분열되기 시작했다. 사실 손견은 연합군의 제후들 중에서도 가장 용맹한 장수였다. 그래서 선봉의 영예를 얻기도 했다. 그만큼 능력은 출중했다. 하지만 개인의 욕심 앞에서 조직의 대의나 공익은 사라졌다. 차라리 혼자 조용히 떠나면 좋았을 것을, 맹주와 다투는 통에 연합군 전체에 균열이 생기는 결과를 가져왔다. 역시 한 마리 미꾸라지였다고 평가절하하지 않을 수 없는 까닭이다. 그리고 나중의 일이지만, 손견은 정말로 돌과 화살에 맞아 죽었다.

마지막으로, 연합군을 완전히 아작 내 버린 결정적인 미꾸라지는 유대[69]다. 유대는 병사들의 머릿수에 비해 준비해 온 군량이 많지 않았다. 곧 군량이 바닥 날 기미가 보이자, 비교적 넉넉해 보이는 교모[70]에게 군량을 좀 꿔달라

> 69) 유대(?~192) : 영제(靈帝) 때 시중(侍中)을 지냈는데, 동탁이 낙양에 들어오자 연주자사로 나갔다. (네이버 지식백과 / 중국역대인명사전)

> 70) 교모(?~190) : 헌제(獻帝) 초에 동군태수를 지냈고, 원소와 함께 거병하여 동탁을 토벌했다. (네이버 지식백과 / 중국역대인명사전)

고 부탁했다. 하지만 교모는 언제 받을지도 모르는 군량을 빌려준다는 게 선뜻 내키지 않았다. 이런저런 핑계로 빌려주지 않자, 유대가 교모를 공격했다. 연합군 내에서 전쟁이 벌어진 것이다. 결국 유대는 교모를 죽이고, 교모의 군량은 물론 그의 병사들까지 모두 흡수해 버렸다.

이쯤 되자, 연합군 내에는 서로를 믿지 못하는 의심의 기류가 생기기 시작했다. 역적을 치겠다는 대의명분은 온데간데없었고, 남은 거라고는 오직 자기들끼리 치고받는 흙탕물 싸움뿐이었다. 그렇게 연합군은 와해됐다.

지금은 주 52시간 근무가 완전히 자리를 잡았다. 적어도 공기업에서는 그렇다. 하지만 일을 하다보면 정해진 기한 내에 마무리를 지어야 하는 일들이

있기 마련이고, 예상치 못한 긴급 상황이 발생하기도 한다. 어쩔 수 없이 시간외근무가 발생된다. 예를 들어, 우리 회사는 모든 국민에게 정전 없는 고품질의 전기를 공급하기 위해 불철주야 노력하고 있다. 하지만 사람의 힘으로 막지 못하는 사고가 발생하기도 한다. 흔한 일은 아니지만 태풍으로 인해 철탑이 넘어지는 사고가 그런 것이다. 이런 긴급 상황의 경우, 우리 직원들은 정전으로 인해 국민들이 받을 불편을 최소화하기 위해 비바람 속에서 밤낮을 가리지 않고 복구 작업을 하게 된다. 그런데 이때 "나는 주 52시간 근무시간을 지켜야 하기 때문에 퇴근하겠습니다"라고 말하는 직원이 있다면 어떻게 될까? 법대로 하겠다는 거니까 그러라고 해야 할까?

다른 이야기를 해보자. 일반적으로 하루 근무시간은 오전 9시부터 오후 6시까지 8시간이다(시간상으로는 9시간이지만, 중간에 점심시간 1시간은 근무시간에서 제외되기 때문에 8시간이다). 하지만 대부분의 직원들은 오전 9시 이전에 출근해서 하루 일과를 준비한다. 상황에 따라 9시 이전에 미팅을 하는 부서들도 있다. 그런데 "나는 법정 근로시간을 지켜야겠습니다"라며 정확히 9시에 출근하는 직원이 있다면 어떨까? 나머지 직원들은 바보라서 일찍 출근하는 걸까?

그럼에도 불구하고, 그 직원이 계속해서 9시 정시에 출근한다면, 나머지 직원들은 일찍 출근하고 싶을까? 하나 둘, "나도 9시에 맞춰서 출근하겠습니다"라고 말하는 직원들이 나올 것이다. 급기야 조직은 일찍 나와서 하루 일과를 준비하자는 쪽과 법정근로시간을 지키자는 쪽으로 갈라질 것이다.

제5장 삼국지로 배우는 공기업 생활 Tip 네 가지

분위기라는 것이 그렇다. '같이 한번 해보자'라고 분위기를 띄우면, 모두가 한마음으로 하나의 목표를 향해 달려가기도 하지만, 어느 하나가 분위기를 흐리면 순식간에 무너져버린다. 겨우 한 사람이 그렇게 만들 수 있다. 그러니 조직의 입장에서 봤을 때, 이제 막 입사한 당신은 그저 검증되지 않은 한 사람일 수 있다. 심하게 말해서, 조직은 당신이 연못을 흐리는 미꾸라지가 아니기를 바란다는 뜻이다. 필자가 너무 잔인한가?

이 사람 저 사람에게 딴소리를 하면 안 된다

《삼국지》에는 잘 지내던 조직에 누군가가 끼어들면서 조직이 순식간에 와해되어 버리는 일이 비일비재하게 등장한다. 그리고 그런 식으로 와해되는 것은 조직뿐만이 아니다.

조조(曹操)는 어려서부터 눈치가 빠르고 민첩했으며 권모술수에 뛰어났다. 특히 놀기를 좋아해 공부는 등한시했다. 그런데 이런 조조를 늘 못마땅하게 생각하는 사람

> 71) 조숭(?~193) : 중국 삼국시대 위나라 시조인 조조의 아버지. 원래의 성은 하후(夏侯)라는 설이 있으며, 후한 말기에 환관으로 중상시를 지낸 조등(曹騰)의 양자가 되어 조씨로 바뀌었다고 한다.
> (네이버 지식백과 / 두산백과)

이 있었으니 다름 아닌 조조의 작은 아버지였다. 숙부는 조조를 가문의 수치라고 생각했다. 때문에 조조의 사소한 잘못 하나까지도 형인 조숭[71]에게 일러바쳤고, 그럴 때마다 조숭은 조조를 불러다가 야단을 쳤다. 이에 조조는 숙부에게 앙심을 품었다.

하루는 조조가 뜰에서 혼자 활쏘기 연습을 하고 있는데, 숙부가 지나가는 게 보였다. 조조는 반사적으로 못된 꾀를 떠올렸다. 숙부가 보는 앞에서 갑자기 간질병 환자의 흉내를 내기 시작한 것이다. 땅바닥을 뒹굴며 입에 거품을 물고 팔다리를 버둥거렸다. 놀란 숙부는 급히 조숭에게 달려가 조조가 발작을 일으켰다고 말했다. 깜짝 놀란 조숭이 허둥지둥 달려가 보니, 조조는 언제 그랬냐는 듯이 태연하게 활쏘기에 집중하고 있었다. 물론 옷에 먼지 하나 없

을 정도로 깨끗이 털어낸 뒤였다. 당황한 숙부가 조숭에게 말했다.

"아까는 분명히 조조가 입에 거품을 물고 땅바닥을 뒹굴고 있었습니다."

"숙부께서는 평소에도 저를 못마땅하게 여기시더니, 이제는 이런 이야기까지 꾸며내시는 겁니까?"

아버지가 누구를 믿었을까? 그때부터 조숭은 동생이 콩으로 메주를 쓴다고 해도 믿지 않았다. 특히 조조를 험담하는 말은 아예 들으려고도 하지 않았다. 조조는 형과 아우를 완벽하게 갈라버렸다.

다음으로 소개할 일화는 상관과 부하를 갈라버린 이야기다. 이 이야기는 《삼국지》에서 가장 유명한 '미인계'와 '이간계'에 관한 것이다.

이 계책을 기획한 사람은 사도[72] 왕윤(王允)[73]이다. 그리고 그의 먹잇감은 동탁(董卓)과 여포(呂布)였다. 당시 동탁은 멀쩡한 황제를 폐위시키고, 자기 입맛에 맞는 새로운 황제를 세울 만큼 무소불위의

> 72) 사도 : 삼공(三公)의 하나. 고대 중국에서 호구 · 전토 · 재화 · 교육에 관한 일을 맡아보던 벼슬

> 73) 왕윤(137~192) : 헌제(獻帝) 때 태복과 상서령, 사도를 역임했다. (네이버 지식백과 / 중국역대인명사전)

권력을 휘두르고 있었다. 게다가 그 뒤에는 부자지간의 의를 맺은 천하의 맹장 여포가 버티고 있었다. 때문에 황제는 허수아비에 가까웠고, 조정 대신들은 입을 닫고 살아야 했다.

이때 이 난국을 타개하고자 나선 사람이 왕윤이다. 왕윤은 초선(貂蟬)을 그

둘 사이에 끼워 넣었다. 초선으로 말하자면 서시, 왕소군, 양귀비와 함께 중국의 4대 미인에 속하는 사람이다. 한마디로 경국지색(傾國之色)이었다.

왕윤은 여포를 집으로 초대한 뒤, 자신의 딸을 소개하고 싶다며 초선을 불렀다.

"원하신다면 이 아이를 장군에게 보낼까 하는데, 의향이 어떠신지요?"

왕윤이 술이 반 쯤 취한 여포에게 건넨 말이었다.

"그렇게만 해주신다면 내 사도를 위해 충성을 다하겠습니다."

여포는 이미 제정신이 아니었다. 술이 아니라 초선에게 취해 있었다. 이에 왕윤은 조만간 길일을 택해 초선을 보내겠다며 여포를 배웅했다.

며칠 후, 왕윤은 동탁을 집으로 초대했다. 술자리가 마련되고 어

> 74) 가기 : 노래를 잘 부르는 기생

느 정도 취기가 돌 무렵, 왕윤은 집에 쓸 만한 가기(歌妓)[74]가 있다며 초선을 소개했다. 동탁 역시 초선을 보자마자 그 미모에 눈을 뗄 수가 없었다. 그때 왕윤이 동탁에게 한마디 했다.

"이 아이를 태사께 바칠까 하는데 마음에 드시는지요?"

동탁이 얼마나 좋았던지 마시던 술을 내려놓고 자리에서 일어났다. 왕윤은 그렇게 초선을 동탁의 부중으로 보냈다.

정리하자면, 왕윤은 초선을 여포에게 준다고 했다가 다시 동탁에게 보냈다. 이 사실을 여포가 알면 어떻게 될까? 왕윤을 죽이겠다고 달려들게 뻔하다. 도대체 왕윤은 무슨 생각으로 이런 일을 벌인 것일까?

제5장 삼국지로 배우는 공기업 생활 Tip 네 가지

예상대로 여포는 창을 꼬나들고 왕윤을 쫓아왔다. 동탁이 초선을 데리고 갔다는 소식에 눈이 뒤집힌 여포는 "어떻게 이럴 수가 있느냐?"며 왕윤을 죽이려 들었다. 이에 왕윤은 조심조심 여포를 다독이며 자초지종을 설명했다.

"태사께서는 초선을 장군께 드리기로 했다는 얘기를 어디서 들으셨는지, 한번 보고 싶다고 하셨습니다. 그래서 초선을 불러내 시아버님께 인사를 올리게 했지요. 그러자 태사께서는 마침 오늘이 길일이라며, 기왕에 온 김에 데리고 가서 장군과 짝지어줘야겠다고 하셨습니다. 그래서 부랴부랴 차비를 하여 보낸 것입니다."

얘기를 듣고 보니, 집에 가서 기다리면 동탁이 자기를 불러서 초선과 맺어줄 것 같았다. 얼른 왕윤에게 죽을죄를 지었다며 싹싹 빌고는 쏜살같이 집으로 돌아갔다. 여포는 날이 새도록 동탁이 부르기만을 기다렸다.

이제 이 다음에 벌어질 일은 말하지 않아도 알 것이다. 동탁은 당연히 초선이 제 여자라고 생각했다. 왕윤으로부터 첩으로 삼아도 좋다는 허락을 받은 상태였기 때문에 거리낄 게 없었다. 그러나 여포의 입장에서 봤을 때, 동탁은 며느리가 될 여자를 중간에서 가로 챈 파렴치범이었다. 당장 동탁을 죽이고 초선을 데려오고 싶었지만 아비를 죽인 패륜아라는 사람들의 비판이 무서워 그럴 수도 없었다. 동탁은 뭐가 문제인지를 몰랐고, 여포는 며느리를 가로챈 시아버지를 이러지도 저러지도 못하는 혼돈의 상황에 빠져있었다.

이후 초선은 한편으로는 동탁을 정성껏 모시면서, 다른 한편으로는 틈만 나면 여포에게 추파를 던졌다. 모두 왕윤의 지시에 따른 것이었다. 동탁은 여포와 초선 사이에 흐르는 이상한 기류를 눈치 채고는 둘의 사이를 의심하기 시작했는데, 결국 초선과 함께 붙어있는 여포를 발견하자 눈이 뒤집혔다. 그 때 여포는 더 이상 아들이 아니었다. 그저 사랑하는 여자를 희롱하는 연적일 뿐이었다. 동탁은 여포를 향해 창을 던졌다. 동탁과 여포는 돌아올 수 없는 강을 건넜다.

'이간질'이라는 게 의외로 쉽다. 소년 조조처럼 자기가 한 행동을 극구 부인하고 딴소리를 하거나, 왕윤처럼 이 사람에게는 이렇게 말하고, 저 사람에게는 저렇게 말해 버린다면 두 사람을 갈라버리는 건 일도 아니다.

실제 직장생활을 하다보면, 의도치 않은 가운데 이런 일들이 벌어지기도 한다. 그러지 말아야겠지만, 혹시 만에 하나라도 이런 일이 생긴다면, 되도록 빨리 바로 잡아야 한다. 별 일 아니라고 그냥 넘어갔다가는 일을 키울 수 있다. 최악의 경우에는 일부러 그런 게 아니냐는 오해를 받을 수도 있다. 그러니 빨리 실수를 인정하고 진실을 말해야 조직이 무너지는 것을 막고 본인도 살 수 있다.

근거 없는 말을 남에게 옮기지 마라

요즘 ****이라는 스마트 폰 어플리케이션 때문에 말들이 많다. 하도 말들이 많아서 필자도 한번 들어가 봤다(현직에 있는 직장인들만 가입이 가능하다). 하지만 필자의 기준에서는 볼 만한 내용이 없었다. 거기에 올라오는 대부분의 글들은 회사에 대한 불만이거나 누군가를 향한 인신공격이었다. '누가 어쩐다더라', '도대체 회사가 왜 이따위냐?', '이런 소문이 있던데 알고 있냐?' 등등, 얼굴 보면서는 할 수 없는 이야기들을 스마트 폰 뒤에 숨어서 쏟아내고 있었다.

한마디로 '누워서 침 뱉기'다. 지금 다니고 있는 회사는 내가 선택해서 들어온 곳이다. 입사하기 싫다는 것을 억지로 떠밀려서 들어온 사람이 있을까? 만약 그런 사람이 있고, 그 사람이 그렇게 말한다면 더 이상 할 말은 없다. 하지만 거의 모든 직장인들은 본인 스스로 직장을 선택했을 것이다. 그런데도 본인이 선택한 회사를 본인이 욕하고 있다. 그것도 다른 회사 사람들도 다 같이 볼 수 있는 공간에서 말이다. 앞에는 회사 간판을 걸어놓고, 본인은 익명이라는 커튼 뒤에 숨어서 불만을 토한다.

그러나 안타깝게도 그 외침은 공허한 메아리로 그칠 가능성이 크다. 그걸 들어주고 개선할 만한 직급의 상사들은 그 앱을 사용하지 않을 확률이 매우 크기 때문이다. 따라서 그곳은 그저 불만투성이인 사람들끼리 모여서 성토하는 곳으로 전락할 확률이 높다. 그렇게라도 스트레스를 풀어야겠다면 할 말이 없지만, 나중에 스트레스를 받을 사람은 오히려 당신일 확률이 크다. 왜 그럴까?

이 앱을 이용하는 사람들 중 대부분은 소위 눈팅만 하는 사람들이다. 올라오는 글 수보다 조회수가 월등하게 많다는 것이 그것을 증명한다. 그리고 이 것은 이 앱을 이용하는 대부분의 사람들이 그저 '회사에 어떤 일이 벌어지고 있는지', '요즘 이슈가 뭔지', '혹시 나만 모르는 뭔가가 있는 게 아닌지' 하는 궁금증 때문에 들락거린다는 것을 말한다. 그저 정보의 불균형에서 비롯된 호기심이다. 때문에 이 앱에서 어슬렁거리고 있는 당신은 여론을 조장하고자 하는 몇몇 사람들의 의도대로 판단이 굳어질 가능성이 크다. 왜냐하면 사람은 자주 접하는 것에 익숙해지기 때문이다. 예를 들어, 정치적으로 보수성향이 강한 사람은 진보성향의 언론보도를 전혀 보지 않는다. 내 생각과 맞지도 않고 재미도 없어서이다. 그래서 항상 보수성향의 방송만 보게 된다. 때문에 더 보수적으로 변해간다. 물론 그 반대의 경우도 마찬가지다.

결국 ★★★★ 앱에 드나들다 보면, 불만으로 가득 찬 글들을 자주 보게 될 것이고, 자신도 모르는 사이에 덩달아 불만이 쌓이게 된다. 차라리 몰랐으면 좋았을 것을 알게 된 덕분이다. '모르는 게 약'이라는 속담이 그래서 있다.

어쨌든 열심히 들락거린 덕분에 뭔가를 알게 된 당신은 이제 그것을 다른 동료 직원들에게 전달하려고 할 것이다. 이유는 간단하다. 만약에 당신이 남들이 모르는 걸 혼자만 알고 있다면 어떨 것 같은가? 입이 근질거리지 않을까? 임금님 귀가 당나귀 귀라는 것을 알고 있는데, 어떻게 가만히 있을 수 있겠는가?

이제 당신은 누군가에게 당신이 알고 있는 것을 말한다. 그러면 그 누군가는 "그래! 그런 일이 있어?"라며 관심을 보일 것이다. 당신은 그 관심을 온몸으로 즐긴다. 때문에 '또 뭔가 있지 않을까?'라는 기대감으로 **** 앱을 찾게 된다. 혹시 전혀 그렇지 않다고 부인하고 싶을지 모르겠지만 사실이다. 인간의 본성이 그렇다.

유언비어는 그렇게 퍼지기 시작한다. 안타깝지만 '여론을 조장하고자 하는 몇몇 사람들의 의도대로' 당신은 전달자가 된다.

그렇다면 그들의 의도는 무엇일까? 이문열 작가는 《삼국지》에서 유언비어가 떠돌게 되는 원인 중의 하나를 '정당성을 확보하지 못한 집단 또는 개인이 자기를 드러내지 않고 상대를 공격'하기 위한 것이라고 했다. 따라서 당신이 사실여부가 불분명한 무엇인가를 다른 사람에게 전하는 것은, 그때부터 당신이 '정당성을 확보하지 못한 집단이나 개인'의 공격수가 된다는 것을 의미한다. 물론 당신은 변명거리가 있다. 그저 누군가가 올려놓은 글을 보고 재미삼아 말한 것뿐이다. 당신이 처음으로 시작한 이야기도 아니다. 애초에 이렇게까지 문제가 복잡해 질 줄 알았다면 절대로 말하지 않았을 것이다.

그러나 당신이 인지하지 못한 사이에, 재미로 퍼뜨린 그 유언비어는 그때부터 살아 움직이기 시작해서 여러 사람에게 퍼져나간다. 그리고 그 이야기가 다시 당신의 귀로 돌아올 때쯤이면, 그 이야기로 인해 피해를 입은 사람이 나타나거나 전혀 다른 엉뚱한 문제로 변질되어 있을 것이다. 그렇게 되면 도대체 누가 이런 말을 하고 다닌 거냐며 따지는 사람이 생긴다. 회사 자체적으로 진상규명에 들어갈 수도 있다. 심하면 국정감사나 감사원 감사의 타깃이 될 수도 있다. 이쯤 되면 당신이 웬만한 강심장이 아니고서야 쫄리게 된다. '도둑이 제 발 저린다'는 말처럼 맘이 편하지 않다. 결국 당신이 스트레스를 받는다.

《삼국지》의 조예(曹叡)[75]가 위나라의 황제가 되었을 때의 일이다. 사마의(司馬懿)[76]는 촉나라의 북침을 막기 위해 스스로 변방을 지키겠다고 자청했고, 마침내 황제의 허락을 받아 임지로 떠났다. 때문에 이것은 제갈량에게 큰 걱정거리였다. 그때 마속(馬謖)[77]이 눈이 번쩍 뜨일만한 계책을 내놓았다.

"사마의가 위나라의 대신이라 하나 조예가 늘 의심하고 시기하는 사람입니다. 그러니 사람을 몰래 허도[78]와 업군[79] 같은 곳에 보

75) 조예(205?~239) : 중국 삼국시대 위나라의 제2대 황제로 조진(曹眞), 장합(張郃), 사마의(司馬懿) 등을 중용하여 오(吳), 촉(蜀)의 잇따른 침공을 물리치고, 요동(遼東)을 정벌하였다. (네이버 지식백과 / 두산백과) 조조의 손자이다.

76) 사마의(179~251) : 중국 삼국시대 위(魏) 나라의 정치가이자 군략가로, 서진(西晉) 건국의 기초를 세웠다. (네이버 지식백과 / 두산백과)

77) 마속(190~228) : 마량 5형제 중 막내이며 제갈량의 신임을 받았다가 참살되어 읍참마속이라는 고사가 생겼다. (네이버 지식백과 / 두산백과)

78) 허도(허창) : 삼국시대, 사실상의 수도 (위키백과)

내 사마의가 역적질을 하려 한다는 유언비어를 퍼뜨리면 어떻겠습니까?"

제갈량이 마속의 계책에 동의하
자 그 일은 곧 실행에 옮겨졌다.
얼마 뒤, 업군의 성문마다 대자보
가 나붙었다.

'지난 날 태조 무황제(조조)께서
이 나라를 세우실 때, 본래는 진사
왕(조식)⁸⁰⁾을 태자로 세워 뒤를 이
으려 하셨다. 그런데 지금 조예는
이렇다 할 덕행도 없으면서 함부로

79) 업군 : 조조가 위공(魏公)에 오른 뒤 허
    도를 떠나 이곳을 본거지로 삼았다. 조
    조에게 실권이 있어 실질적인 수도로 기
    능하게 되었고, 황제가 있는 허도는 행
    정중심지 정도의 위상으로 내려갔다.
    (나무위키)

80) 조식(192~232) : 진사왕(陳思王)이라
    고도 불리는 중국 삼국시대 위나라의 시
    인. 조조의 아들이며, 조비의 아우이다.
    (네이버 지식백과 / 두산백과)

제위에 올랐다. 이제 나, 사마의는 천명을 받들고 사람들이 바라는 바에 따라
진사왕을 받들어 세우고자 한다. 오늘로 군사를 일으키니 모두 명에 따르라.'

실로 엄청난 내용이었다. 그러나 내용의 출처나 진위를 따지는 사람은 아
무도 없었다. 그저 이 사람에게서 저 사람으로 전달되기에 바빴고, 마침내 황
제의 귀에까지 들어갔다.

그러나 일국의 황제는 확실히 달랐다. 조예가 늘 사마의를 의심하고 있었
던 것은 사실이지만, 무턱대고 소문을 믿지는 않았다. 사실유무를 알아보기
위해 직접 대군을 이끌고 사마의가 있는 곳으로 달려갔다.

아무것도 모르는 사마의는 황제가 멀리 변방까지 자신을 보러온다는 소식
에 살짝 흥분하기까지 했다. 황제의 방문을 그동안 자신이 이룩해 놓은 업적
을 선보일 절호의 기회라고 생각한 것이다. 그래서 그때까지 심혈을 기울여
육성한 정예의 병사들을 이끌고 황제를 맞으러 나갔다. 황제가 봤을 때는 영

락없는 반역이었다.

조예는 당장 대장군 조휴(曹休)[81]에게 명해 사마의를 대적케 했다. 조휴는 군대를 이끌고 나가 사마의의 군사들을 막아섰다. 그

81) 조휴(?~228) : 조조(曹操)의 조카였으며 전투에서 많은 공적을 세웠다. 오나라를 토벌하는 전투에서 대패하자 수치심에 병을 얻어 사망하였다. (네이버 지식백과 / 두산백과)

런데 현실은 우려했던 것과 달랐다. 사마의는 조휴의 군대를 보고 황제의 행차가 당도한 것으로 오인했다. 얼른 말에서 내려 땅바닥에 납작 엎드렸다. 그런 사마의의 모습에 조휴는 한편으로는 놀라면서, 다른 한편으로는 뭔가 잘못됐다는 것을 직감했다.

"당신은 선제의 고명(顧命)[82]을 받은 사람으로서 어찌하여 반역을 꾀하셨소?"

82) 고명 : 임금이 유언으로 세자나 종친, 신하 등에게 나라의 뒷일을 부탁함. 또는 그런 부탁

깜짝 놀란 사마의는 온몸으로 식은땀을 흘리며 되물었다.

"그게 무슨 말씀이오? 내가 반역을 꾀하다니? 도대체 누가 그런 소리를 한 것이오?"

사실 조휴는 조금 전 사마의가 땅에 엎드릴 때부터 그에게 반역의 뜻이 없음을 알았다. 그래서 사마의와 함께 조예를 찾아갔다. 사마의는 조예 앞에 엎드렸다.

"신이 어찌 딴 마음을 먹을 수 있겠습니까? 이것은 틀림없이 오나라나 촉나라의 간교한 계교입니다. 믿어주시옵소서."

그러나 한 번 의심하게 되면, 아닌 줄 알게 되더라도 자꾸만 의심이 가는

게 사람이다. 조예도 사마의에게 반역의 의지가 없다는 걸 확인하기는 했지만, 그렇다고 계속해서 그에게 병권을 맡겨 둘 수는 없었다. 결국 벼슬을 빼앗고 고향으로 내쫓았다.

이 사건의 최대 피해자는 누구일까? 또 이 사건으로 이득을 취한 사람은 누구일까? 마지막으로 이들이 피해를 입거나 이득을 보도록 중간에서 역할을 한 사람은 또 누구일까?

이것이 유언비어의 효력이다. 당사자가 아무리 누명을 벗어보려고 노력해도 별 소용이 없다. 한 번 의심을 품은 조예 입장에서는 '사마의가 절대로 그럴 리가 없다'는 주변의 충언보다, '혹시 모르니 내쫓는 게 낫다'는 간언에 더 솔깃할 수밖에 없다. 유언비어의 공격대상은 그렇게 허무하게 무너지고 만다. 고작 대자보 한 장이 변방에서 열심히 국력을 키우던 대장군 하나를 날려버렸다.

필자가 이런 이야기를 하는 것은 이런 식으로 완벽한 유언비어를 생산하라는 뜻이 아니다. 누가 만든 것인지 모르는, 사실여부를 알 수 없는 말을 듣거나 보더라도 절대로 다른 사람에게 옮기지 말라는 뜻이다. 상대방이 입을 피해는 제쳐놓더라도 당신 스스로가 앞서 사마의의 울부짖음처럼, "도대체 누가 그런 소리를 한 겁니까?"라는 원망에서 자유로울 수 없고, 잘못하면 괜한 사건에 휘말릴 수도 있다. 옛말에 '슬기로운 사람은 유언비어를 들어도 전하지 않는다(流言止於知者)'라고 했다.

말 한마디로 화합을 이끌어 낼 수 있다

앞서 우리는 이간질에 관한 이야기를 했다. 그러나 항상 그런 일만 일어나는 것은 아니다. 예를 들어 유비는 자칫 파국으로 치달을 뻔한 두 사람을 다시 결속시키는 일을 하기도 했다.

유비가 방통을 군사(軍師)[83]로 삼아 황충[84], 위연[85]과 함께 서촉으로 원정을 떠났을 때다. 유비군이 쳐들어온다는 소식을 들은 촉군은 성 밖에 두 개의 진영을 각각 세워 서로 호응하는 형세를 갖추고 있었다. 이에 방통은 위연과 황충을 불러 누가 선봉이 되어 보겠느냐고 물었다. 황충이 먼저 손을 들었다. 하지만 위연은 나이 많은 황충(이때 이미 예순이 넘었다)에게 군공을 뺏기고 싶지 않았다. 얼른 황충의 아킬레스건을 건들었다.

> 83) 군사 : 사령관 밑에서 군기를 장악하고 군대를 운용하며 군사 작전을 짜던 사람

> 84) 황충(?~220) : 중국 삼국시대 촉한의 장수. 유비 휘하의 관우, 장비(張飛), 마초(馬超), 조운(趙雲)과 함께 오호대장군으로 불렸다. (네이버 지식백과 / 두산백과)

> 85) 위연(?~234) : 중국 삼국시대 촉한의 장수였으며 유비가 한중왕이 되었을 때 한중태수로 임명되었다. (네이버 지식백과 / 두산백과)

"아무래도 황 장군이 노인이라 싸움에 질까 염려됩니다. 제가 선봉을 서겠습니다."

황충은 가만히 있다가 일격을 당한 듯했다. 노인이라는 소리에 발끈해 누

가 더 실력이 좋은지 당장 겨뤄보자며 위연에게 싸움을 걸어왔다. 일촉즉발의 위기였다.

이때 방통이 절충안을 내놓았다. 황충과 위연에게 각기 적의 진영 하나씩을 맡긴 뒤, 먼저 이기는 쪽의 군공이 더 큰 것으로 하자고 한 것이다. 이에 황충은 날이 새면 즉각 출발하기로 하고 군사들을 준비시켰다. 그러자 위연은 그보다 서둘러 날이 새면 적의 진영 앞에 도착하는 것으로 전략을 세웠다.

한밤중에 군사들을 이끌고 적진으로 향하던 위연은 슬며시 욕심이 생겼다. 적진 하나만 깨부순 정도로는 공이 크다고 말하기 어렵다고 생각하고는 황충에게 맡겨진 진영부터 먼저 쳐부수는 것으로 방향을 틀었다. 그렇게 황충의 타깃을 먼저 처리하고 그 다음으로 자신에게 맡겨진 타깃을 처리함으로써 자신의 출중한 실력을 입증하고자 했다.

황충에게 맡겨진 적진 앞에 거의 도착한 위연과 그의 병사들은 잠도 못자고 먼 길을 달려온 탓에 너무나 피곤했다. 그래서 그곳에서 잠시 쉬기로 했는데 바로 그 순간, 야습을 눈치 챈 적들이 오히려 위연을 공격해왔다. 당황한 위연이 애써 막아보려 했지만 어떻게 해 볼 도리가 없었다. 당장 도망치기도 바쁜데, 어떻게 알았는지 반대편 진영에 있던 적군까지 합세해 위연을 괴롭혔다. 위연은 영락없이 거기서 죽을 운명이었다.

바로 그때 황충이 나타났다. 황충은 적장을 죽이고 위연을 구해내더니, 승세를 타고 또 다른 적장을 몰아세웠다. 적장은 자신이 원래 있던 진영으로 되돌아가려고 했지만 이미 그곳은 황충과 위연을 뒤따라온 유비가 차지한 뒤였다. 황망해진 적장이 좁은 샛길을 골라 성으로 돌아가려는데, 그곳에는 위연이 퇴로를 막고 기다리고 있었다.

한바탕 전투가 끝나고, 진영으로 돌아온 황충은 유비에게 위연의 잘못을 일러 바쳤다.

"위연이 과도한 욕심을 부리는 바람에 하마터면 큰 낭패를 볼 뻔했습니다. 마땅히 군령에 따라 처리해야 합니다."

뒤이어 적장을 생포해 도착한 위연이 유비에게 용서를 구했다. 유비가 위연에게 말했다.

"군령을 어긴 죄를 물어 목을 베는 게 당연하나, 황 장군이 워낙에 간곡히 부탁했기에 이번만은 목숨을 살려준다. 황 장군께 고마워해야 할 것이다."

이에 위연은 황충에게 쪼르르 달려가 그 너그러움에 감격해 잘못을 빌었다. 황충 역시 자신이 옹졸했음을 뉘우치고 유비에게 감사했다.

사람의 잘못을 알고 그것을 꾸짖는 것은 누구나 할 수 있는 일이다. 황충의 경우가 특히 그렇다. 위연은 약속을 어기고 제 맘대로 움직여서 선봉의 기세를 떨어뜨렸다. 많은 병사들을 잃었고 본인도 적장에게 목이 떨어지기 일보 직전까지 갔다. 그에 반해 황충은 자신이 세운 공적이 적지 않았고, 또 그것을 설명하자면 위연의 잘못을 말하지 않을 수 없었다. 게다가 전투에 나서기 전, 위연이 "황충은 나이가 많아 손발이 맘대로 움직이지 않을 수 있다"고 빈정댔던 것까지 생각하면 위연의 처벌을 강력히 주장하는 게 당연하다.

하지만 유비는 그 상황을 그대로 방치하지 않았다. 일반적인 경우라면 위연의 목을 베 군령을 세우는 것이 맞다. 휘하의 장수가 명령을 받은 대로 작전을 수행하지 않으면 그 전쟁은 이길 수 없다. 가까운 예로 프로야구 경기에서 감독이 '치고 달리기' 작전을 냈는데, 타자가 그 지시를 어기고 스윙을 하지 않으면 달리기 명령에 따른 주자는 아웃될 수밖에 없다. 치라는 명령을 받은 타자가 안타를 칠 수 있으면 가장 좋겠지만, 그럴 수 없다면 적어도 파울이라도 쳐야 한다. 하물며 전쟁을 치르고 있는 상황이라면 어떨까?

당시 유비가 원정에 데리고 간 장수는 황충과 위연이 전부였다. 그런데 둘 중 하나를 죽여 버리면 유비에게는 하나밖에 남지 않는다. 아무래도 남은 전쟁이 부담스러울 수밖에 없다. 그렇다고 군령을 어긴 위연을 이유 없이 용서해 주면 황충의 분노를 잠재울 수 없다. 황충은 위아래도 없이 제멋대로 까부는 위연이 눈엣가시였다.

그런 면에서 유비의 중재는 탁월하다. 위연의 잘못을 용서해준 사람을 황충으로 포장해서 두 명 모두를 감격케 했다. 위연은 황충에게 늙었다고 무시하고 군공을 가로채려고 했었는데, 오히려 황충이 자신을 변호하고 용서해주기를 간청했다고 하니 감격하지 않을 수 없다. 황충도 위연의 잘못을 고자질하고 군령대로 시행해 달라고 주장했던 일을 덮어준 유비에게 고마움을 느꼈고, 동시에 자신이 대범하지 못했음을 후회했다.

이쯤에서 이런 가정을 해보자. 만약에 유비가 위연을 그냥 용서해줬다면 어떻게 됐을까? 먼저 위연의 입장에서 보면, 황충이 유비에게 제 잘못을 일러바쳤는데도 유비가 용서해주는 상황이라면 유비에게는 고마워하겠지만 황충에게는 깊은 원한을 품을 것이다. 비록 황충이 자신의 목숨을 구해준 일이 있더라도 제 잘못을 고자질했다는 사실만으로 당장 기분이 나쁜 게 사람이기 때문이다. 반면에 황충의 입장에서 보면, 멋대로 군령을 어긴 장수를 그냥 용서해주는 상황을 이해할 수 없을 것이다. 군에 위계질서가 없다고 여길 것이고 유비와 위연 간에 자신이 모르는 어떤 모종의 커넥션이 있는 게 아닌지 의심할 것이다. 이렇게 되면 황충은 소외감을 느끼게 되고, 위연은 경거망동을 되풀이하게 된다. 하지만 유비는 말 한마디를 잘 함으로써 이 둘을 화해시켰고, 자신을 향한 충성심을 더욱 견고히 할 수 있었다.

이제 당신은 "이런 경우는 유비가 리더이기 때문에 할 수 있는 일이 아닙니까?"라고 물을 수 있다. 그렇지 않다. 리더가 아니더라도 이런 일은 얼마든지 생길 수 있다. 특히 신입사원으로 생활하다 보면, 여러 선배들이 한꺼번에 각기 다른 일을 시킬 때가 많다. 그럴 때 당신의 행동이나 말 한마디가 조직을 살릴 수도 죽일 수도 있다. 예를 들어보자.

안 그래도 바쁜 당신에게 J선배가 일을 시켰다. 그런데 K선배가 또 다른 일을 시킨다. 이런 경우, 어떤 일부터 먼저 해야 할까? 먼저 시킨 순서대로 할 수도 있고, 당신이 급하다고 생각하는 것부터 할 수도 있다. 하지만 이럴 때는 당신이 자의적으로 판단하기보다는 일을 시킨 선배들에게 어떤 게 더 급하고 중요한 일인지를 물어보고, 순서를 정해야 한다. 예를 들면, J선배에

제5장 삼국지로 배우는 공기업 생활 Tip 네 가지

게 "선배님, K선배님도 방금 이런 일을 지시했는데 어느 것을 먼저 해야 할지 모르겠습니다"라고 물어보는 것이다. 물론 K선배에게도 똑같이 물어봐야 하는 것은 당연한 일이다. 그래서 다행히 "아! 그래. 내가 부탁한 것은 천천히 해도 돼"라는 대답을 들으면 가장 좋겠지만, 대부분은 "내가 시킨 일이 더 급하고 중요하니까 그것 먼저 처리해 줘"라고 재촉할 것이다. 그때가 바로 공이 당신에게 넘어오는 시점이다. 스스로 판단해서 어떤 것이 급하고 중요한 일인지 선택해야 한다. 만약 필자라면 내가 빨리 처리할 수 있는 일부터 할 것이다. 시간이 많이 소요되는 일부터 시작했다가는 J, K 두 선배를 모두 만족시킬 수 없기 때문이다.

그래서 J선배의 일부터 처리했는데, 이 사실을 안 K선배가 "왜 내가 시킨 일을 먼저 하지 않은 겁니까? J선배가 자기 것 먼저 해달라고 했습니까?"라며 질책할 수도 있다. 이때 당신의 대답 한마디가 조직을 살릴 수도 죽일 수도 있다. 어떻게 대답해야 할까? 이게 꼭 모범답안은 아니지만, 이렇게 말 할 수 있을 것이다.

"J선배는 K선배의 일도 급하고 중요한 거라고 하셨습니다. 그런데 제가 빨리 끝낼 수 있는 일이 J선배의 일이라서 먼저 처리한 것뿐입니다. 죄송합니다. 지금 바로 처리하겠습니다."

아마 이정도면 J와 K선배 사이에 갈등을 조장할 일도 없고, K선배가 당신을 크게 책망하지도 않을 것이다. 만약 K선배의 일이 너무나 급하고 중요한 일이었다면, K선배는 본인이 스스로 J선배에게 양해를 구했어야 했다.

그러니 혼자서 임의대로 판단하지 말고, 모르는 것은 물으면서 하자. 그러면 큰 실수를 하지는 않을 것이다. 더불어 조직의 화합을 깨는 일도 없다. 물어보는 것도 때가 있다. 물어볼 수 있을 때 물어봐야지 나중에 후배들이 들어오기 시작하면, 그때는 선배에게 물어보고 싶어도 쪽 팔려서 못 물어본다.

칭찬은 상사도 춤추게 한다

앞서 예의를 지키라고 했더니 아부를 하라는 말로 듣는 사람이 있다. 이 두 가지는 엄연히 다른 말이다. 국어사전에서도 '예의'는 '존경의 뜻을 표하기 위하여 예(禮)로써 나타내는 말투나 몸가짐'이라고 설명하고 있는데 반해, '아부'는 '남의 비위를 맞추어 알랑거림'이라고 되어 있다. 존경을 표하는 것과 비위를 맞추려는 것은 완전히 다른 말이다.

1950년대 자유당 시절, 이승만 대통령 방귀사건이란 것이 있다. 이승만 대통령이 광나루에서 낚시를 하던 중 방귀를 뀌자 옆에 있던 내무장관이 "각하, 시원하시겠습니다"라고 했다는 것이다. 이후, 이 한 문장은 아부의 대표적인 예로 꼽힌다. 그 사람의 인품이나 능력이 아닌 생리현상에다 칭찬을 했기 때문이다. 어떻게 해서든 잘 보이고 싶다는 노예근성이 잘 드러난 사건이다. '나는 자존감도 없는 사람입니다'라고 홍보하는 것이다.

유비가 아직 시골에서 지내고 있을 때, 유비는 장비와 함께 꽤 세력이 큰 조직을 이끌고 있었다.

> 86) 소쌍 : 중국 후한 말 중산국의 상인(네이버 지식백과 / 삼국지 인물)

자연스럽게 장사치들의 뒤를 봐 주는 일을 하기도 했는데, 그 과정에서 만나게 된 사람이 소쌍[86]이다. 그때 유비가 소쌍에게 물었다.

"보아하니 글을 읽으신 분 같은데, 어떻게 이렇게 장사에 눈을 뜨셨습니까?"

"작게는 천금을 모아 한 몸의 의
식을 풍족하게 하는 것이고, 크게
는 저 문신후(文信侯)[87]처럼 기화
(奇貨)를 사서 부귀영화를 누리기
위함입니다."

유비가 속으로는 짐작이 가면서도 기화라는 게 무엇이냐고 묻자, 소쌍이
답했다.

"당장은 물건도 아니고 금전도 아니지만, 사서 두면 재물도 되고 명예도 되
고 벼슬도 되는 재화입니다. 어쩌면 제가 오늘 그 기화를 사게 된 것이나 아
닌지 모르겠습니다."

그러니까 소쌍은 지금은 시골마을 조직의 대장 정도인 유비에게 자신의 재
화를 투자해서 영웅으로 만들겠다는 자신의 야망을 에둘러서 말한 셈이다.
아부인 듯, 아부 아닌, 아부 같은 말이다. 단순히 아부라고 치부하기엔 너무
세련됐다.

이번에는 좀 더 세련된 표현을 하는 사람이 등장한다. 노숙(魯肅)이다.

적벽대전이 끝나고, 노숙은 손권의 영채를 찾아 갔다. 영채에 도착한 노숙
은 놀라지 않을 수 없었다. 손권이 영채 밖까지 나와서 선 채로 노숙을 기다
리고 있었기 때문이다. 노숙은 얼른 말에서 내려 허리를 숙였다. 당시 거기에
있던 사람들은 손권이 노숙을 그처럼 예우하는 걸 보고 놀라면서도 부러웠

다. 손권은 노숙을 말에 오르게 한 뒤, 자신도 말을 타고 말머리를 나란히 해서 영채로 돌아왔다. 요즘으로 치면, 대통령이 총리가 온다는 소식을 듣고 청와대 앞에서 기다리고 있다가, 같이 차를 타고 안으로 들어갔다는 소리와 똑같다. 그때 손권이 한마디 했다.

"이만하면 내가 그대를 충분히 높여줬다고 생각하지 않소?"

하지만 노숙의 대답은 손권의 예상과 달랐다.

"이 정도로는 충분하지 않습니다."

"그럼 어떻게 해야 정말로 당신을 높여주는 것이 되겠소?"

"제가 원하는 것은 명공의 위엄과 덕이 온 세상에 미치고, 천하를 통일하여 황제가 되심으로써 제 이름이 역사에 기록되도록 해주시는 것입니다. 그래야 비로소 저를 높일 수 있습니다."

손권은 손뼉을 치며 크게 웃었다.

노숙은 손권이 천하를 통일하고 황제가 되면, 본인은 그 일을 도운 사람으로서 역사에 기록되고 싶다는 말을 한 것이다. 이 얼마나 멋진 아부인가? 차마 아부라는 단어를 쓰기도 민망할 정도다. 노숙의 말 어디에도 자신을 비하하거나 상대의 비위를 맞추려는 노력은 보이지 않는다. 다만 자기가 모시는 주군의 기를 살려주고 미래의 청사진을 제시했다. 주군은 신하에게 예를 다했고, 신하는 주군에게 충성을 약속했다.

아부를 하려면 이렇게 해야 한다. 근거도 개념도 없는 '무조건 다 좋다'식의 아부가 아니라 당신의 성공을 기대하고 있으며 그 일에 나도 동참했다는 것으로 이름을 남기고 싶다는 희망의 메시지여야 한다.

몇 달 전, CEO가 주관하는 경영평가 실적점검 회의에 참석했을 때의 일이다. 경영평가라는 단어가 생소한 독자들을 위해 짧게 설명하자면, 정부가 수십 개의 공기업을 한 줄로 세우기 위해 매년마다 각 기관을 평가하는 일이라 할 수 있다. 각 기관은 평가결과에 따라 등급이 정해지고, 그것은 곧바로 직원들의 상여금으로 연결된다. 특히 CEO는 연봉의 문제뿐만 아니라, 경우에 따라서는 자리를 보존하느냐 마느냐가 결정되기도 하는 중차대한 사안이라 각 기관의 입장에서는 여간 신경 쓰이는 일이 아니다. 공기업에게 있어 경영평가는 마치 대학수학능력시험과 같다고 할 것이다.

그날 회의는 사장, 본부장을 비롯해 각 처·실장과 담당 부·차장까지 참석하는 대규모 회의였다. 커다랗고 길쭉한 타원형 형태의 좌석에 사장을 비롯해 20여 명의 처·실장들이 자리를 잡으면 그 뒤로 실·부장들이 배석한다. 차장들은 마치 방청석에 앉아있는 것 마냥 그들의 회의를 경청한다. TV에서 국정감사 장면을 본 경험이 있는 사람이라면 쉽게 상상할 수 있는 그런 배치다.

각 처·실장들은 그때까지 관리해 온 실적과 평가항목별 예상점수를 발표했다. 당시 우리 처는 전년도에 비해 실적이 좋지 않았다. 관리를 철저하게 하지 못한 면도 없지 않았지만, 평가방식 자체가 불합리한 면도 있었다. 따라서 처장님은 올해는 더 이상 실적이 나빠지지 않도록 노력하겠지만, 내년 평가에 대비해 평가지표 개선도 병행해서 추진하겠다며 각오를 밝혔다. 어떻게 개선하겠다는 구체적인 방안도 함께 제시했다.

그렇게 각 처·실별 브리핑이 끝나자, 사장님은 그동안의 노고를 치하하면서도 금년 평가뿐만 아니라 내년 평가에 대해서도 미리 준비를 해야 한다고 당부했다. 불합리한 지표가 있다면 어떻게 개선할 것인지 구체적으로 준비하라는 말도 빼놓지 않았다. 회의는 그렇게 끝났다.

사무실로 돌아온 처장님은 회의에서 나온 이슈들을 공유하기 위해 곧바로 부서회의를 소집했다. 회의에서 거론된 주요내용을 간단히 브리핑한 처장님은 준비한 것에 비해 질문이 없어서 살짝 아쉬웠다는 농담 아닌 농담을 했다. 사실 처장님은 우리 처의 저조한 실적 탓에 스트레스를 많이 받고 있었고, 실적 부진에 대한 타 부서의 질문이 만만찮을 것으로 예상했다. 때문에 브리핑 준비에 꽤 많은 시간을 투자했는데 예상과 달리 아무런 질문도 없자 살짝 실망했던 모양이다. 그때, 회의에 함께 참석했던 부장이 한마디 했다.

"처장님이 워낙에 꼼꼼하게 브리핑을 준비하셨고, 발표도 잘 하셨기 때문에 따로 질문할 게 없었을 겁니다."

그러자 처장님이 대뜸 필자에게 물었다.

"임 차장도 그렇게 생각해?"

"네. 물론입니다. 특히 사장님께서 마지막에 강평하시면서, 내년도 지표개선에도 신경을 쓰라고 하셨잖습니까? 제 생각엔 아마도 처장님의 브리핑을 들으시고 다른 처·실도 처장님을 보고 배우라는 의미로 말씀하신 게 아닌가 싶습니다."

그러자 여기저기서 탄성이 터졌다. 회의에 직접 참석하지 않은 직원들은 정말 그런 일이 있었냐고 묻기까지 했다. 처장님도 싫지 않은 표정이었다.

"그래? 정말 그런 뜻이었을까?"

칭찬은 상사가 부하직원에게만 하는 게 아니다. 부하직원이 상사를 칭찬할 수도 있다. 특히 여러 직원들이 모인 자리에서 상사의 능력이나 성과를 거론하는 것은 최고의 아부다. 그렇다고 있지도 않은 일을 꾸며서 하라는 말이 아니다. 사실에 입각해서 설명을 하라는 것이다. 실제 그날 우리 처에서 회의에 참석한 사람은 3명뿐이라 다른 부서원들은 회의에서 무슨 일이 있었는지 알지 못했다. 예년에 비해 낮은 실적으로 인해 다들 잔뜩 긴장하고 있었기 때문에 회의 분위기는 모두가 궁금한 사안이었다. 필자는 그저 그들의 궁금증을 해소시켜 준 것뿐이었다.

더 나아가 상사가 없는 자리에서 상사를 칭찬한다면 그건 신의 경지에 해당한다. 그 정도 경지의 칭찬이라면 고래만 춤추게 하는 게 아니라, 상사를 춤추게 할 수도 있다. 직장상사도 상사이기 이전에 사람이다. 기분이 좋을 수밖에 없다.

혹시 당사자가 없는 자리에서 칭찬해봐야 어떻게 알겠냐고 걱정하는 사람도 있을 것이다. 필자의 대답은 분명하다. 괜한 걱정은 접어라. 회사 내에서 하는 남 이야기는 금방 퍼져나간다. 그것도 당신이 생각하는 것보다 훨씬 빨리 상사의 귀에 들어간다. 험담하는 말은 더 빠르다. 때문에 당신이 어떤 종류의 말을 해야 할지는 따로 알려주지 않아도 잘 알 것이다.

Tip 3 잘난 척하지 말자

너무 뛰어나면 질투를 산다

요즈음 취업상황은 전쟁이라는 말로도 모자라다. 매년 수많은 청년들이 취업시장으로 쏟아져 나오지만, 그만큼 일자리가 늘어나는 것은 아니다. 즉, 취업시장은 매수자 우위 시장이다. 능력을 팔겠다는 취업준비생들은 넘쳐나지만, 그 능력을 사겠다는 기업은 많지 않다. 때문에 매수자인 기업은 여러 가지 까다로운 조건들을 내세워 자신들의 입맛에 맞는 인재를 선발하고 있다. 예를 들면, 1차 서류전형, 2차 필기시험, 3차 역량면접 그리고 마지막 인성검사까지 다양한 검증을 거쳐 신입사원을 뽑는다. 특히 대부분의 공기업들은 NCS(국가직무능력표준)를 도입해서 직무능력 위주로 인재를 뽑으려고 한다. 스펙을 우선하지 않겠다는 의지의 표현이지만 그렇다고 스펙의 중요성이 완전히 사라진 것은 아니다. 여전히 어학 성적은 기본이고, 해외연수는 필수라는 말이 들린다. 실제로 최근에 입사한 대졸 신입사원들의 면면을 보면 해외연수를 다녀오지 않은 사람이 거의 없을 정도다. 그만큼 능력과 실력을 갖춘 젊은 인재들이 들어온다. 기존 직원들과는 질적으로 다르다. 그러니 선배의 입장에서는 신입사원들이 약간 부럽기도 하다. 그들의 어학실력이 부럽고, 해외체류 경험이 부럽다. 그리고 무엇보다도 그들의 젊음이 부럽다. '부러우면 지는 거다'라는 말이 있다. '부럽지만 부러운 척하지 않겠다'는 거고, '지고 싶지 않다'는 뜻일 것이다.

그렇게 부러워도 부럽다고 말도 못하는 선배에게, 그것도 회사 안에서 당신이 잘난 체를 하면 어떻게 될까?

자존심이 강한 선배라면 절대로 내색하지 않을 것이다. 대신에 당신이 저지르는 실수에 대해서는 엄격한 잣대를 들이댈 것이다. 그러면 당신은 '다른 사람들에게는 안 그러던데, 왜 유독 나한테만 이렇게 심하게 하는 거야?'라는 불만을 갖게 된다. 선배가 차별한다고 생각한다.

그러니 괜히 잘난 척해서 선배를 자극할 필요는 없다. 특히나 경쟁보다는 조직의 화합을 우선시하는 공기업에서는 더더욱 그렇다. 필자는 오늘까지 20여 년을 공기업에서 근무하고 있지만, 누군가 한 사람이 잘나서 뭔가를 이뤄냈다는 이야기를 들어본 적이 없다. 누군가가 주도적으로 이끌고 갈 수는 있겠지만, 혼자서 해낼 수는 없다. 팀이 하는 것이고, 조직이 하는 것이다.

○○부서에는 영어 좀 한다는 L대리가 있었다. 때문에 부서 내에서 번역작업을 하거나 해외 엔지니어를 만날 때는 언제나 L대리가 나섰다. 해외출장 기회가 생겨도 당연히 L대리의 몫이었다. 부서원들은 모두 L대리를 부러워했고, L대리는 그만큼 부서에서 큰 역할을 하고 있었다.

그러던 어느 날, M신입사원이 하나 들어왔다. M신입사원의 영어실력은 L대리보다 훨씬 더 우수했다. 부서원들은 그동안 L대리가 혼자 하던 일들을 M신입사원과 나눠할 수 있으니 잘 됐다고 생각했다. 그러나 결과는 기대와 달랐다. M신입사원이 L대리의 번역에서 오류를 찾아내면서 그동안 철썩 같이 믿고 있었던 L대리의 영어실력에 금이 가기 시작했다. 게다가 M신입사원은 이 사실을 공개적으로 떠벌리고 다녔다.

사실 M신입사원이 오류를 발견해 낸 것은 잘한 일이다. 하지만 그것을 드러내는 과정에 좀 문제가 있다. L대리에게 이야기해서 바로잡으면 그만일 일을 일부러 주변 사람들에게 떠벌리고 다니면서 분란을 일으켰다. M신입사원은 그렇게 해서 자신의 실력을 드러내고 싶었을지 모르지만 선배들은 그렇게 보지 않는다. 오히려 신입사원이 잘난 체한다고 생각하기 쉽다. 그러면 L대리가 번역하면서 실수를 한 게 문제가 될까? M신입사원이 잘난 체하고 다닌 게 문제가 될까?

우리는 누군가 잘난 척하는 걸 보면 눈에 거슬린다. 하물며 그런 사람이 이제 갓 사회생활을 시작한 신입사원이라면 어떨까? 말하지 않아도 알 것이다. 그러면 어떻게 해야 할까? 당연히 숨겨야 하고, 수비적인 입장이 되어야 한다. 그리고 이렇게 하는 데 상당히 효과적인 방법이 바로 후흑(厚黑)[88]이다. 후흑은 한마디로 '절대로 속마음을 드러내지 않는 것'이다. 요즘 말로 바꾸면, 포커페이스를 유지해야 한다는 것이다. 내 패가 좋은 패인지 나쁜 패인지 내 얼굴에 드러나지 않도록 무표정한 얼굴을 유지하라는 말이다.

양선희 작가도 《군주의 남자들》에서, "조직에서 가장 탁월한 인물은 능력이 있는지 없는지 감도 잡히지 않고 표정은 온화하며 속을 알 수 없는 인물"이라고까지 했다. 심지어 "조직에서 성공하고자 한다면 실력을 기르는 것보다 참는

88) 후흑 : 1912년, 중국의 리쭝우(李宗吾) 선생이 주장한 이론이다. 당시 리쭝우 선생은 "중국인은 가능한 한 더 많이 철면피가 되고, 더 철저하게 흑심을 지녀야 한다"고 역설했는데, "그렇지 않으면 영웅도 될 수 없고, 천하도 호령할 수 없어서 '완벽한 성공'을 쟁취할 수 없다"고 주장했다.

기술, 감정을 얼굴에 싣지 않고 언제 누구에게나 웃는 얼굴로 거절하지 않는, 그래서 되는 일도 없고, 안 되는 일도 없는, 무능과 사심을 인화라는 위선으로 덮는 능력을 기르는 것이 최선이다"라고 주장하기도 했다.

너무 심한 주장이라는 생각이 들기도 하지만 완강하게 부인하기도 어렵다. 그렇다고 묻는 말에 대답을 하지 않거나 답답해 죽겠다는 소리를 들을 정도로 오버하라는 말은 절대 아니다. 오해 없기 바란다.

《삼국지》에서도 마땅히 서로 힘을 합쳐야 할 상황에서 질투심 때문에 일을 망칠 뻔한 일이 있다.

유비가 조조에게 패해 장강(양쯔강)까지 밀려났을 때, 손권에게 도움을 구하러 간 사람은 그때 나이 겨우 27세의 제갈량이었다. 겉보기에는 유비와 함께 조조에게 대항하자는 설득을 하기 위한 행차였지만, 실상은 더 이상 맞서 싸울 실력은커녕 마땅히 의지할 곳 하나 없는 유비를 대신해 조조와 싸워달라는 부탁을 해야 하는 험난한 행보였다.

당시 손권의 조직은 조조에게 맞서야 한다는 세력과 일찌감치 항복하는 것이 낫다는 세력으로 나뉘어져 있었다. 하지만 다행스럽게도 손권의 브레인이었던 33세의 주유(周瑜)는 조조에게 맞서야 한다는 대원칙에서 제갈량과 뜻을 같이 하고 있었다. 결국 손권은 조조와의 전쟁을 선포했다.

이후 둘은 조조를 물리칠 일에 몰두한다. 하지만 제갈량을 가까이에서 지켜본 주유는 그의 놀라운 재능에 감탄하지 않을 수 없었다. 시간이 갈수록 그것은 감탄을 넘어서 어떤 두려움으로 변해갔다. 다행히 조조와의 싸움에서 이긴다 하더라도 그 후에 전개될 유비와 제갈량의 견제가 불을 보듯 뻔했다. 생각이 거기에 미치자, 그때부터는 조조와의 전쟁이 문제가 아니었다. 우선 제갈량부터 없애야 할 것 같았다.

이것이 사람의 본성이다. 눈앞에 걱정거리가 있다 보니 대의명분을 잊게 된다. 당시 상황은 누가 뭐라고 해도 함께 힘을 합쳐 조조를 물리쳐야 하는 상황이었지, 서로를 견제할 일이 아니었다. 그러나 주유는 조조보다 제갈량이 더 걱정거리였다. 따라서 주유에게는 제갈량을 죽일 명분이 필요했다.

그래서 결국 생각해 낸 것이 제갈량에게 전쟁에 필요한 화살을 만들어 달라고 부탁하는 것이었다. 표현은 부탁이었으나 실상은 기한을 정해 10만 개의 화살을 주문한 명령이었다. 즉, 제갈량이 기한에 맞춰 화살을 만들어내지 못하면 군령을 어긴 죄를 물어 죽일 속셈이었던 것이다. 주유의 속셈을 아는지 모르는지 제갈량은 주유가 정한 10일이라는 기한이 너무 길다면서 3일 안에 만들어내겠다고 오히려 일정을 앞당겨 버렸다. 주유는 드디어 제갈량이 걸려들었다고 생각했다. 어차피 화살을 만들 재료를 제대로 대주지 않거나 일하는 사람들에게 태만히 하도록 지시해놓으면 그만이었다. 제아무리 제갈량이라도 빠져나갈 구멍이 없었다.

그런데 어찌된 일인지, 제갈량은 그나마 약속한 사흘 중 이틀을 아무것도 하지 않고 허비해 버렸다.

마침내 약속한 날이 되자, 제갈량은 지푸라기 수천 다발을 쌓아놓은 배 스무 척을 빌려서는 조조의 진영이 있는 강북으로 나아갔다. 그날은 앞이 보이지 않을 정도의 짙은 안개가 끼어 있었다. 조조의 진영에 이른 제갈량은 군사들에게 일제히 북과 징을 치게 했다. 갑작스런 소란에 깜짝 놀란 조조는 그것을 적의 기습이라고 판단했다. 짙은 안개에 가려 적군의 규모를 알 수 없으니, 조조가 할 수 있는 일이라고는 소리 나는 쪽으로 화살을 쏘아대는 것뿐이었다. 이렇게 날아든 조조의 화살은 촉 하나 상하지 않고 고스란히 제갈량의 배에 실린 짚더미에 저장됐다. 마침내 안개가 걷히고, 제갈량은 배를 돌려 본진으로 돌아왔다. 스무 척의 배에 실린 화살은 주유가 말한 10만 개보다 훨씬 많았다.

결국 제갈량을 제거하려던 주유의 계획은 수포로 돌아갔고, 주유의 경계심은 더욱더 불타올랐다. 도저히 자신보다 탁월한 경쟁자를 살려둘 수 없었다. 때문에 겉으로는 협력관계를 유지하면서도 속으로는 항상 죽여 없앨 궁리만 했다. 앞에서는 제갈량에게 북풍이 부는 한겨울에 남풍이 불게 해달라는 어처구니없는 요구를 하면서도, 뒤에서는 만약에 남풍이 불기만 하면 그 자리에서 제갈량의 목을 베라는 명을 부하들에게 내렸다. 하지만 그것마저도 주유의 뜻대로 되지 않았다. 제갈량은 주유의 촘촘한 그물망을 얄미울 정도로 잘 빠져 나갔다.

이후, 적벽대전을 승리로 이끈 주유는 그 대가로 형주를 손에 넣으려고 했다. 그러나 그조차도 맘대로 하지 못했다. 우려했던 대로 제갈량이 손에 피한 방울 묻히지 않고 모두 가로채 버린 것이다. 재주는 곰이 부렸는데, 돈은 왕서방이 챙긴 꼴이었다. 결국 주유는 그 억울함을 억누르지 못하고 화병으로 죽었다.

"하늘은 이미 주유를 낳았거든 제갈량은 왜 또 낳으셨던가!"

주유가 마지막으로 남긴 이 말은 그가 얼마나 제갈량을 부러워하고 미워했는지 짐작케 한다. 이 이야기는 주유처럼 평소 재능을 인정받던 사람이 제갈량처럼 막강한 라이벌을 만났을 때 흔히 생길 수 있는 일이다. 제갈량이 잘난 체를 했다고 보기는 어렵지만, 주유 입장에서는 제갈량이 잘난 체를 했든 하지 않았든 그게 중요한 게 아니었다. 그저 자신이 느끼기에 제갈량의 능력은 '넘사벽'의 수준이었고, 그 불편한 사실이 주유의 질투심을 유발했다.

알아도 모른 척해야 할 때가 있다

《삼국지》에서는 잘난 체하다 죽은 사람도 있다. 대표적인 인물이 양수(楊修)[89]다.

89) 양수(175~219) : 동한(東漢) 말기의 문학가로 양표의 아들이다. 박학다식하고 지혜롭고 총명했다. 조조 승상부의 주부(主簿)를 지냈다. (네이버 지식백과 / 중국역대인물 초상화)

당시 유비와 조조는 한중을 사이에 두고 지루한 싸움을 이어가고 있었다. 한중은 조조와 유비의 국경이 맞닿아 있는 땅이었다.

어느 날 조조는 저녁식사로 나온 국을 뜨는데 숟가락에 닭갈비 한 조각이 건져졌다. 그 순간 조조는 갑자기 씁쓸한 생각이 들었다.

본래 닭갈비는 살이 없어 먹기에는 성가시지만 그렇다고 버리기에도 아까운 부분이다. 그런데 한중 땅이 꼭 그와 같았다. 드넓은 중원이나 물자가 풍부한 강남에 비해 대단할 것도 없었지만 그렇다고 남 주기에는 아까웠다. 그런데 그런 땅을 지키겠다고 이렇게 힘든 싸움을 이어가고 있는 자신의 처지가 생각나자 갑자기 씁쓸해진 것이다.

바로 그때 하후돈(夏侯惇)[90]이 찾아와 그날의 암구호[91]를 무엇으로 할지 물었다. 조조는 아무 생각 없이 그냥 '계륵'이라고 말했다.

90) 하후돈(?~220?) : 전한 하후영의 후예로 위나라 왕 조조(曹操)의 심복(네이버 지식백과 / 두산백과)

그런데 그날 밤, 암구호가 '계륵'

91) 암구호 : 적군과 아군을 분간할 수 없는 야간에 아군 여부를 확인하기 위하여 정하여 놓은 말. 매일 달라지며, 모든 군이 같은 암구호를 쓴다

이라는 걸 알게 된 양수가 엉뚱한 짓을 벌였다. 병사들에게 곧 전쟁을 그만두고 돌아갈 것이니 미리 짐을 싸두라고 명령한 것이다. 오래잖아 병사들이 짐을 싸고 있다는 소식을 들은 하후돈이 양수를 불러 물었다.

"공은 어찌하여 군사들에게 떠날 준비를 하라 시키셨소?"

"저는 오늘 밤의 암구호를 듣고, 위왕(=조조)께서 머지않아 군사를 물려 돌아가실 거라는 걸 알았습니다. 본래 계륵이란 것이 먹으려니 붙어있는 고기가 없고, 버리자니 아까운 물건이 아닙니까? 지금 우리 처지가 꼭 그와 같습니다. 앞으로 진격하려니 이길 수 없고 물러서려니 남의 비웃음을 살까 두려운 상황이지요. 그렇다고 여기 있어봐야 이로울 게 없으니 차라리 빨리 돌아가는 게 낫지 않겠습니까?"

듣고 보니 맞는 말이었다. 하후돈은 곧 전 군에 명을 내려 돌아갈 채비를 하도록 했다.

그날 밤, 진영을 돌아보던 조조는 군사들이 어수선하게 짐을 싸는 것을 보고 급히 하후돈을 불러 전후사정을 물었다. 하후돈은 양수가 조조의 숨은 의중을 알아채고 미리 알려준 덕에 돌아갈 준비를 하게 했다고 대답했다. 조조는 기가 막혔다. 그저 '계륵'이라는 단어 하나로 자신의 속마음을 들켜 버린 것 같았다. 이에 조조는 양수가 터무니없는 유언비어를 퍼뜨렸다는 죄목으로 그의 목을 벴다.

아마도 이 이야기를 들은 당신은 겨우 본인의 의중을 알아챘다는 것 때문에 사람을 죽인 거냐며 조조가 너무 잔인하다고 생각할 수 있다. 하지만 조조가 양수를 죽인 이유는 이뿐만이 아니다. 양수는 이전에도 조조의 속마음을 너무 잘 알아채는 바람에 미움을 샀었다.

　한번은 이런 일이 있었다. 조조가 궁 안에 화원을 짓게 했다. 화원이 준공되고 그곳에 다녀온 조조는 가타부타 말도 없이, 대문에 '活(활)'이라는 한 글자만 써놓고 가버렸다. 사람들이 그 뜻을 몰라 어리둥절해 있는데, 오직 한 사람 양수가 그 의미를 알아봤다.

　"문(門)안에 활(活)자가 더해졌으니 '넓을 활(闊)'이 됩니다. 아마도 승상께서는 화원의 문이 너무 넓어서 마음에 들지 않다는 표현을 하신 듯합니다."

　이에 문의 크기를 작게 고친 다음 조조를 다시 초청하자, 조조는 누가 내 뜻을 알아챈 것이냐고 물었다. 사람들이 양수라고 대답하자, 조조는 겉으로는 칭찬했지만 속으로는 못마땅해 했다.

　또 한번은 조조가 지방에서 양젖으로 만든 연유(酥) 한 합을 진상 받았을 때의 일이다. 조조는 일부러 그 죽 위에 일합소(一合酥)라고 쓴 뒤 책상에 놓아두었다. 그때 양수가 들어와 그걸 보더니 갑자기 사람들을 불러다가 나눠 먹기 시작했다. 나중에 그 사실을 안 조조가 왜 먹었냐고 타박하자 양수가 대답했다.

　"합 위에는 분명히 한 사람이 한 입씩 먹는 죽(一人一口酥)이라고 쓰여 있었습니다. 저희가 어찌 감히 승상의 명을 거역할 수 있겠습니까?"

　일합소(一合酥)에서 합(合)자를 풀면 인일구(人一口)가 되니 앞에 일(一)자와 합치면 곧 한 사람이 한 입씩 먹으라는 뜻이 되기에 먹었다는 설명이었다. 조조는 겉으로는 잘했다고 말했지만 속으로는 양수가 얄미웠다.

조조와 양수의 이 이야기를 단순한 글자 장난으로 치부해 버릴 수도 있다. 하지만 일반적으로 문제를 낸 사람은 그 문제에 대해 어떤 자부심을 가지게 된다. 아무도 풀지 못할 거라는 기대감에 사로잡혀 있다. 조조도 자신이 고심해서 낸 문제를 사람들이 풀지 못하고 쩔쩔매는 꼴을 보면서 즐기고 싶었다. 그런데 양수가 너무나 쉽게 맞춰 버리니 속이 상했다. 이런 악감정이 쌓여있는 상태였는데도 불구하고 양수는 계륵 사건으로 조조에게 결정적인 한 방을 먹였다. 차곡차곡 매를 벌었다가 결국 목숨을 내놓아야 했다.

○○학회에서 주관하는 세미나에 참석했을 때의 일이다. 기회가 잦은 것은 아니지만, 그런 세미나에 참석할 때마다 필자는 거기에 참석하는 위원들의 지식과 달변에 놀라곤 한다. 어떻게 그렇게 아는 게 많고 논리정연한지.

그날 세미나도 사회자의 진행에 따라 미리 정해진 순서대로 프레젠테이션이 있었다. 그때는 △△대학교에서 발표를 하는데 갑자기 한 사람이 질문을 던졌다. 발표를 하던 교수가 얼른 대답을 하긴 했지만 아무래도 질문한 사람이 원하는 답변은 아닌 모양이었다. 재차 질문이 날아들었다. 그때 갑자기 방청석에 앉아 있던 한 사람이 일어서더니 답변을 하기 시작했다. 나중에 알고 보니 그 교수님 밑에서 배우는 대학원생이었다.

사실 필자는 사람들이 많이 모여 있는 장소에서 말하는 것을 엄청나게 싫어하는 사람이다. 평소에도 누가 필자에게 발표라도 시킬 것 같으면 벌써부터 심장이 벌렁거리고 근육이 위축돼서 그야말로 죽을 지경이 된다. 소위 말하는 '발표울렁증'이 있다. 그래서 필자는 그렇게 많은 사람들 앞에서 차분하게, 자기가 하고 싶은 말을 잘하는 그 대학원생을 보면서 부럽다는 생각을 했었다.

그런데 세미나가 끝나고 이 일이 구설에 올랐다. 세미나에 참석했던 사람들 중에 몇몇이 그 대학원생의 행동을 문제 삼았다. 학회 관계자의 질문에 발표자인 교수가 답변을 하도록 놔뒀어야 하는데, 일개 대학원생이 끼어들었다는 것이다. 그 바람에 교수는 제대로 알지도 못하면서 발표를 하려고 한 교수가 돼버렸다는 게 그들의 주장이었다. 필자가 보기엔 부럽기만 했던 모습이 다른 사람들 눈에는 잘난 체하는 걸로 비칠 수도 있다는 것을 그때 알았다. 그 대학원생은 자기가 알고 있더라도 가만히 있어야 했을까? 그때 그 교수가 정말로 모르는 내용의 질문이었다면 그 대학원생이 나선 게 잘한 것일 수도 있다. 하지만 반대로 교수가 잠깐 생각을 정리하고 있는데 그 대학원생이 치고 나왔다면 그건 좀 아니다. 그러니까 그 교수의 상황에 따라 해석이 달라진다. 그리고 그 상황은 아마도 그 대학원생이 가장 잘 알고 있었을 것이다. 방청석에 있었던 우리는 알 수 없는 일이다. 그러니 오해가 생기는 것이다. 다만 그 대학원생이 그렇게 나서기에 앞서 먼저 교수의 의향을 물었다면 어땠을까 하는 아쉬움이 남는 건 사실이다.

후한(後漢) 말, 재능이 뛰어나다고 소문난 마(馬)씨 5형제가 있었다. 그중에서도 눈썹에 흰 털이 섞여있던 마량이 가장 특출했다. 그래서 사람들은 여러 명 중에 가장

92) 마속(190~228) : 이적(伊籍)의 추천으로 유비의 참모가 되어 형주종사로 임명되었다. 제갈량이 마속의 재능을 인정하여 높은 평가를 받았다. 하지만 유비는 말이 앞서는 인물이라고 평가하였다. (네이버 지식백과 / 두산백과)

뛰어난 것을 흰 눈썹, 즉 백미(白眉)라고 부르기 시작했다. 지금 소개할 사람은 이 다섯 형제 중 막내인 마속[92]이다. 하지만 그는 안타깝게도 '읍참마속'의 주인공이기도 하다.

제갈량은 평소 마속이 병법에 대해 아는 게 많고, 그것을 활용함에 있어서도 상당히 유능하다고 생각하고는 항상 곁에 두고 가르쳤다. 때문에 제갈량이 출사표를 내고 북벌에 나섰을 때도 마속은 그의 곁을 지키고 있었다.

북벌 초기, 제갈량의 질주는 거침이 없었다. 그러나 사마의가 등장하면서부터 분위기가 달라졌다. 제갈량은 사마의가 20만 대군을 이끌고 나오자, 분명히 자신의 후방을 끊으려는 시도를 할 거라고 예상했다. 그리고 그곳이 '가정'일 거라고 직감했다. 가정은 여러 갈래의 길이 모이는 길목으로, 그곳을 누가 차지하느냐에 따라 전쟁의 승패가 갈린다고 할 만한 곳이었다. 때문에 제갈량은 그곳을 지켜낼 장수를 선발하는 데 신중을 기하지 않을 수 없었다.

그때 그 막중한 임무를 자청하고 나선 사람이 바로 마속이다. 제갈량은 마속에게 이 일이 쉽지 않음을 다시 한 번 상기시켰다.

"네가 비록 꾀와 슬기가 뛰어나다 해도, 그곳은 성곽이 없는데다가 사방이 뚫려있어 지키기에 매우 어렵다. 그래도 할 수 있겠느냐?"

마속은 제갈량의 걱정을 아는지 모르는지 큰소리부터 쳤다.

"만약 제게 작은 실수라도 있다면 목을 베도 좋습니다."

이에 제갈량은 왕평[93]을 함께 데려가야 한다는 조건을 더해 마속의 출전을 허락했다. 왕평은 비록 글을 읽을 줄 몰라 무식하다는 소

> 93) 왕평(?~248?) : 삼국시대 촉한(蜀汉)의 무장으로 본래 조조의 부하였으나 후에 유비에게 투항했다. (네이버 지식백과 / 중국역대인물 초상화)

리를 듣기는 했지만, 야전에서 잔뼈가 굵은 백전노장이었다. 제갈량은 왕평에게 반드시 요긴한 길목에 진을 치고 적병이 쉽게 지나가지 못하도록 하라고 특별히 당부했다. 이후, 가정에 도착한 마속과 왕평은 우선 진영을 세울 곳부터 살폈다. 먼저 왕평이 의견을 제시했다.

"여기 다섯 갈래 길이 모두 모인 입새에다 진을 치는 게 좋겠습니다."

그러나 마속은 생각이 달랐다.

"길옆에다 어떻게 진영을 세운단 말입니까? 저쪽 산은 사방으로 이어져 있지 않고, 수풀이 넓게 퍼져 있으니 하늘이 내린 험지라 할 만합니다. 저 산 위에다 군사를 머무르게 하는 게 좋을 듯합니다."

왕평이 맞섰다.

"만약 산 위에 진을 쳤다가 적군이 몰려들어 사방을 에워싸 버리면 무슨 수

로 견딘단 말입니까? 적군들이 물을 길어 오르는 길만 끊어 버려도 우리 군사는 그대로 끝장입니다."

그러나 마속은 "자기는 병법을 아는 사람"이라며, 끝내 뜻을 굽히지 않았다. 결국 서열이 높은 마속이 병사의 대부분을 데리고 산 위로 가 진영을 세우고, 왕평은 나머지 적은 군사로 산 아래에 진을 쳤다.

이때 가정을 향해 군사를 재촉하던 사마의는 이미 촉의 군사들이 그곳에 머무르고 있다는 소식을 듣자 제갈량의 헤아림에 감탄하지 않을 수 없었다. 하지만 진영이 산 위에 세워진 것을 보고는 그곳에 제갈량이 없다는 것을 눈치챘다. 그것은 곧 승리의 예감이었다. 사마의는 즉시 왕평과 마속의 연결을 끊은 뒤, 마속이 진영을 세운 산을 빙 둘러 에워싸고는 불을 질러 버렸다. 마속이 있는 힘을 다해 막아보려 했지만 소용이 없었다. 다행히 왕평이 나타나 마속을 구해주지 않았다면 마속의 군사들은 거기서 전멸할 상황이었다. 촉군의 대패였다.

이후 사마의에게 밀려 한중까지 후퇴한 제갈량은 먼저 왕평을 불러 전후사정을 물은 뒤, 곧바로 마속을 불러들였다. 마속은 스스로의 잘못을 시인하고 용서를 구했다. 그러나 제갈량은 그를 용서할 수 없었다.

"만약 네가 왕평의 말만 들었어도 이 같은 일은 없었을 것이다. 이것은 모두가 너의 허물이다. 그런데도 내가 군율을 밝히지 않는다면 무슨 수로 다른 사람들의 복종을 기대할 수 있겠느냐?"

읍참마속(泣斬馬謖). 제갈량은 눈물을 머금고 마속의 사형을 집행했다. 군령장까지 쓰면서 큰소리 쳤던 마속을 가만 둘 수는 없었던 것이다.

마속은 백전노장 왕평을 글을 모른다는 이유로 무시했다. 본인은 많은 병서를 읽었고 배운 것이 많아서 본인의 생각이 무조건 옳다고 여겼다. 자기보다 현장경험이 많은 사람의 말을 귓등으로 들었다. 때문에 양선희 작가는 《군주의 남자들》에서 "먹물만 든 똑똑한 멍청이들이 일을 얼마나 그르칠 수 있는지를 여실히 보여 준다"고 이 사건을 평가했다. 또 "몸으로 익히지 않고 책으로 배운 지식은 실천적 상황이 벌어지면 무용지물이거나 오히려 자신을 위협하는 경우가 많다. 그래서 걸어 다니는 백과사전이라는 평을 듣는 똘똘한 사람이 정작 실전에선 무능하고 써먹을 데라고는 없이 허황한 경우가 많다"라고도 했다.

필자는 더 강도 높게 경고한다. 무능하고 허황한 채로 그치면 그나마 다행이다. 쓸데없이 큰소리를 치다가는 마속처럼 죽는 수가 있다.

아는 체하는 것을 넘어서 아예 안하무인이었던 사람도 있다. 바로 예형(禰衡)[94]이다. 그는 상당히 잘난 사람이었다.

> 94) 예형(173~198) : 젊었을 때부터 말주변이 있었고, 성격이 강직하면서 오만했다. 오직 공융, 양수와만 마음을 터놓고 사귀었다. (네이버 지식백과 / 중국역대인명사전)

예형은 건안칠자[95] 중 한 사람인 공융[96]의 추천으로 조조를 만나게 된다. 두 사람이 처음 대면하던 날, 조조는 예형의 어떤 점이 맘에 들지 않았는지 앉으라는 말조차 건네지 않았다. 기분이 상한 예형이 들으라는 듯 탄식했다.

> 95) 건안칠자 : 중국 후한 건안 때 시문에 뛰어난 일곱 사람의 유명한 문학가들을 이르던 말. 공융 · 진림 · 왕찬 · 서간 · 완우 · 응창 · 유정을 이른다.

> 96) 공융(153~208) : 중국 후한 말기의 학자. 공자의 20대 손. 문필에 능하여 건안칠자(建安七子)의 한 사람으로 불렸다. (네이버 지식백과 / 두산백과)

"하늘과 땅 사이가 넓다 하나 사람이 아무도 없구나!"

당시 예형의 나이가 겨우 24살이었다는 것을 감안하면 참으로

> 97) 모사 : 남을 도와 꾀를 내는 사람

발칙한 발언이다. 감히 한 나라의 승상 앞에서 사람이 없다고 하다니 말이다. 아나나 다를까 조조는 "왜 사람이 없다고 하느냐?"며, 자기 수하에 있는 수십 명의 모사[97]들과 장수들을 일일이 거론하며 그들의 재능을 입에 침이 마르도록 칭찬했다. 그러나 예형은 한마디로 무시했다.

"그들은 모두 옷을 걸쳤으니 옷걸이요, 밥을 먹으니 밥주머니요, 술을 마시니 술독일 뿐입니다."

요즘이라면 사이다 발언이라고 좋아할 사람도 있겠지만, 그때는 사이다가 뭔지도 모를 때다.

"그럼 도대체 너는 무엇이란 말이냐?"

"나는 천문과 지리에 두루 통했고, 세상의 모든 일에 모르는 게 없는데, 어찌 속된 무리들과 비교할 수 있겠습니까?"

실로 하늘 아래 아무도 없다는 듯한 말투였다. 조조는 어이가 없었다. 당장에 목을 쳐서 그의 허풍을 바로잡고 싶었지만, 자기 손에 피를 묻히고 싶지는 않았다. 그래서 생각해 낸 것이 예형에게 하찮은 일을 시켜 웃음거리로 만들자는 것이었다.

조조는 예형에게 궁궐 연회 때 북을 치는 일을 하게 했다. 그러면 예형이 "내가 왜 북을 쳐야 합니까?"라며 거절할 줄 알았다. 그러나 웬일인지 예형은 순순히 따랐다.

연회가 열리고, 예형은 북을 치기 시작했다. 그런데 그 소리가 얼마나 절묘한지 듣는 이들의 심금을 울렸다. 예형을 망신주려고 시작한 일이 자칫 잘못하면 그의 재능을 세상에 알리는 기회로 바뀔 분위기였다. 당황한 조조는 얼른 예형의 북을 멈추게 했다. 대신 엉뚱한 것으로 트집을 잡았다.

당시에는 궁궐에서 북을 치려면 새 옷으로 갈아입어야 한다는 규정이 있었다. 그런데 예형은 원래 입고 있던 옷을 그대로 입고 북을 쳤기 때문에 조조는 그것을 문제 삼았다. 예형이 빠져나갈 구멍은 없어 보였다. 그러나 그것은 조조의 착각이었다. 예형은 갑자기 입고 있던 옷을 훌훌 벗어 던지기 시작했다. 사람들이 깜짝 놀라며, 엄숙한 궁 안에서 이게 무슨 짓이냐며 꾸짖었다. 그러나 예형은 담담하게 대꾸했다.

"부모로부터 물려받은 깨끗한 몸을 그대로 드러냈는데, 이보다 더 깨끗한 옷이 어디 있단 말이오?"

예형은 거기서 그치지 않았다. 오히려 조조를 직접 가리키며 꾸짖기 시작했다.

"그대는 어리석음과 슬기로움을 구별하지 못하니 눈이 흐린 것이요, 충성 스런 말을 받아들이지 않으니 귀가 흐린 것이며, 예와 지금의 일에 아는 바가 적으니 몸이 흐린 것이라 할 수 있소. 게다가 나는 이미 세상이 알아주는 선 비인데도, 한낱 북재비로 만들었으니 어찌 이리 사람을 가볍게 여긴단 말이 오?"

이미 목숨을 내놓고 하는 말이었다.

'까마귀 노는 곳에 백로야 가지마라'라는 시조가 있다. 어쩌면 예형은 본인 을 백로로, 세상 사람들은 모두 까마귀 떼로 여겼던 듯하다. 그러니 백로가 감히 까마귀 떼와 어울릴 수는 없는 노릇이 아닌가?

만약 당신이 이제 막 조직에 발을 들인 신입사원이라면 이 사건에서 예형 이 아닌 조조를 욕할 수도 있다. 예형을 이제 막 면접을 본 신입사원이라고 가정한다면 그 공감대는 한층 더 돈독해질 것이다. 이제 당신은 예형이 그렇게 과하게 반응한 것은 순전히 기존 선배들이 예형을 무시한 까닭이라고 주장할 것이다.

그러나 필자는 생각이 조금 다르다. 당시 조조는 한 조직의 대표였다. 예형이 아무리 뛰어난 재능을 가진 사람이라고 하더라도 이런 식으로 덤비는 것은 옳지 않다. 객관적으로 볼 때, 예형은 공융의 추천서를 받아 조조가 대표로 있는 기업에 채용될 기회를 잡은 취업준비생일 뿐이다. 그런 사람이 첫 번째 면접 자리에서 "사람이 아무도 없다"고 말했다. 주목을 끄는 데는 성공했지만, 그 이후의 발언은 도가 지나치다.

각설하고, 그 자리에 있던 모두가 당장 예형을 죽이라고 아우성을 쳤지만, 조조는 예형을 죽이는

> 98) 유표(142~208) : 헌제(獻帝) 초평 원년 형주자사(네이버 지식백과 / 중국역대인 명사전)

대신 형주자사 유표[98]에게 보냈다. 겉으로는 유표를 설득해 항복을 받아오면 높은 벼슬을 내리겠다는 회유였지만, 그 속셈은 유표가 예형을 만나면 반드시 죽이리라는 판단에서 보낸 것이었다. 그만큼 예형의 발언은 독을 품고 있었다.

조조는 모든 대신들에게 명해 예형이 가는 길을 배웅하도록 했다. 대신들은 조조의 엄명이라 어쩔 수 없이 나가기는 했지만 마음까지 즐거울 리는 없었다. 예형이 지나가든 말든 아는 체도 하지 않고 가만히 앉아 있는데, 갑자

기 예형이 큰 소리로 울기 시작했다. 사람들이 왜 우는 거냐고 묻자, 예형이 대답했다.

"시체 사이를 지나가는 데 어찌 곡을 하지 않을 수 있겠느냐?"

예형은 끝까지 까마귀 떼와 어울리기를 거부했다.

유표에게 간 예형은 조조의 예상 대로 거기서도 죽음을 향해 내달 렸다. 유표도 당장 예형을 죽이고

> 99) 황조(?~208) : 유표의 장수로, 헌제(獻 帝) 때 강하태수(네이버 지식백과 / 중국 역대인명사전)

싶었지만, 조조가 예형을 자기에게 보낸 이유를 간파하고, 그 역시 조조의 흉 내를 냈다. 다시 황조[99]에게 보낸 것이다. 유표의 예상대로 황조는 예형의 삐 딱한 말투를 견뎌내지 못했고, 마침내 그의 목숨을 거둬들였다.

이 사건에 대해 이문열 작가는 《삼국지》에서 "그의 죽음은 지성인의 결벽 이 빚어 낸 비극이었다. 그때까지 학문과 이상의 고고한 세계에 있다가 갑작 스레 정치무대로 끌려나온 그에게는 조조를 비롯한 당시의 관료사회가 보인 적의와 냉대가 견딜 수 없이 치욕적으로 느껴졌을 것이고 그들에 의해 주도 되는 세상도 절망적으로 비쳤을 것이다. 그러나 다른 한편으로 보면 거의 정 신적인 파탄이라고 할 만큼 외곬으로 죽음을 향해 달려간 그의 행위는 나약 한 지성의 한계일 수도 있다"라고 했다.

필자는 이 말을 한마디로 '적응을 못했다'라고 정리하고 싶다. 때문에 필자 는 당신이 예형을 배우지 않기를 바란다. 모난 돌이 정을 맞는다. 너무 튈 필 요가 없다. 일단은 적응이 먼저다.

당신의 능력부터 보여라

처음 회사에 입사하면서부터 관리자의 길을 걷는 사람들도 있다. 예를 들면, 경력직 직원이 그렇다. 만약 당신이 그런 케이스라면, 당신은 입사와 동시에 간부가 될 수도 있다. 다른 입사동기들에 비해 급여도 많을 것이다. 그렇다고 신입사원이 아닌 것은 아니다. 회사에서 직급만 높을 뿐 신입사원이라는 사실은 변하지 않는다.

《삼국지》에서 가장 유명한 사건 중의 하나가 삼고초려(三顧草廬)이다. 사실 유비가 제갈량을 영입하기 전까지 그의 조직은 순전히 '의리'로 뭉친 조직이었다. 관우나 장비를 비롯해 모든 구성원들이 혈연이나 지연으로 이어져 있었다. 순수하게 재능만으로 발탁된 인물이 없었고, 위계에 의해 질서가 정해진다기보다는 형님과 동생으로 서열이 정해졌다. 게다가 그때 유비의 나이는 이미 마흔 여섯이었고, 관우와 장비 역시 마흔이 훌쩍 넘어 있었다. 그에 비해 제갈량은 겨우 스물여섯이었다.

그런데 유비가 제갈량을 찾아갔다. 그때 제갈량이 무슨 생각을 했을까? 아마 이런 생각을 하지 않았을까?

'중년의 아저씨들로 구성된 조직에서 나이 어린 내가 할 수 있는 일이 있을까?'

당시 제갈량은 몸은 움츠리고 있었지만, 가슴속에는 천하삼분의 큰 뜻을 품고 주인을 찾고 있었다. 본인이 직접 군주로 나설 생각은 없었지만 그렇다고 나이 든 어른들의 뒤치다꺼리나 하려고 움츠리고 있었던 것은 아니다. 그는 최소한 자신의 큰 그림을 완성할 수 있는 자리에 오르기를 원했다. 그런 제갈량이 조조나 손권이 아닌 유비를 선택한 것은 오로지 유비에게만 이렇다 할 브레인이 없었기 때문이다. 그만큼 유비는 자신의 능력을 펼쳐 보일 이상적인 일터였다. 그러나 걸림돌도 있었다. 바로 관우와 장비다. 그나마 유비는 늦게나마 자신의 조직에 두뇌 역할을 할 인재가 필요하다는 걸 깨달았다지만, 관우와 장비도 그럴 것인지는 여전히 의문이었다. 관우나 장비는 제갈량을 나이도 적고 실전경험도 없는 백면서생으로 취급할 것이 뻔했다. 그런 상황에서 제갈량이 그들에게 이래라 저래라 작전을 지휘한다는 게 가능한 일일까?

대부분의 공기업은 사원으로 입사해서, 승격시험을 치르지 않으면 주임, 대리를 거쳐 과장으로 정년퇴직을 한다. 사실 많은 직원들이 이 길을 선택한다. 이들은 조합원으로서 회사 내 노동조합의 보호를 받기 때문에 처우에 있어서도 나쁘지 않다. 굳이 승격을 해서 조합을 탈퇴할 이유가 없다. 게다가 요즘처럼 워라밸이나 '저녁이 있는 삶'을 추구하는 젊은 직원들이 많아지면서 승격에 대한 관심은 급격히 줄어들었다.

때문에 일찍 승격 코스를 밟아 차장이 된 관리자는 그가 리딩해야 할 부서원들이 실전경험으로 꽉 찬 나이 많은 과장들인 경우가 생긴다. 바로 제갈량의 처지가 되는 것이다. 그런데 경력직 관리자라면 어떨까? 앞서 말한 대로 사원으로 입사해서 주임, 대리 등을 거쳐 관리자가 된 경우에도 나이 많은 선배들과 조화를 이루며 일하는 것이 어려울진대, 하물며 이제 막 입사한 신입 관리자의 경우라면 그 어려움이 배가될 것이다. 분명히 쉽지 않은 일이다.

예상대로 관우와 장비의 반발은 심했다. 군령이 먹히질 않았다. 유비는 물고기가 물을 만났다며 좋아했지만, 관우와 장비는 물고기가 아니었고 당연히 물도 필요 없었다. 그러니 조조의 대군이 쳐들어왔을 때, 제갈량에게 막으라고 하라며 나서지 않은 것이다.

관우와 장비의 이런 태도는 충분히 이해할 수 있는 일이다. 어느 조직이나 기득권이라는 게 있다. 누구나 먼저 입사한 선배가 나중에 들어온 후배보다 더 나은 대접을 받아야 한다고 생각한다. 그런데 어느 날 갑자기 어디서 잘 알지도 못하는 얘가 하나 들어와서는 상전 노릇을 하려고 하니 못마땅한 게 당연하다. 그러나 유비도 난감하기는 마찬가지다. 아우들의 마음을 짐작하지 못하는 것은 아니었지만, 그렇다고 기껏 새롭게 마련한 위계질서를 무너뜨릴 수도 없었다. 바로 그때 그 상황을 깨끗이 정리한 사람이 바로 제갈량 자신이다.

제갈량은 자신에게 불어 닥친 이 위기를 오히려 자신의 능력을 보여 줄 절호의 찬스로 여겼다. 제갈량은 조조의 공격을 맞아 최선을 다해 작전을 수립

하고, 유비의 칼을 빌어 군령을 내리기 시작했다. 누가, 언제, 어디서, 어떻게 싸울지에 대한 상세 전략을 설명하고 한 치의 오차도 있어서는 안 된다며 군령이 지엄함을 강조했다. 이때 제갈량은 유비의 권위를 등에 업고 있었기 때문에 그의 말은 곧 유비의 말이었다. 관우와 장비는 내키지 않았지만 거부할 수도 없었다.

몇 년 전 상영된 '엣지 오브 투모로우(Live. Die. Repeat.: Edge of Tomorrow)'라는 SF영화를 기억하는 사람이 있을 것이다. 영화에서 톰 크루즈는 전쟁에 투입되자마자 전사한다. 그런데 꿈에서 깨듯 다시 일어나면 처음 전쟁에 참여하기 직전으로 돌아간다. 다시 똑같은 전쟁에 투입되지만, 그 전에 죽게 된 이유를 기억하고 있는 까닭에 당장은 죽을 고비를 넘긴다. 그러나 그 위기만 넘길 뿐 다시 죽었다가 다시 전투에 투입되는 무한반복이 시작된다.

제갈량의 첫 번째 전쟁이 그랬다. 제갈량의 전략은 마치 똑같은 전쟁을 미리 한 번 치러본 사람이 계획한 것처럼 선명하고 정확했다. 관우와 장비를 포함한 유비군은 그저 제갈량이 말한 그 시각에, 그 장소에서, 명령받은 그대로 움직이기만 하면 됐다. 그런데도 결과는 유비군의 대승이었다. 적은 군사로 손쉽게 승리를 거머쥐었다.

이렇게 되자 제갈량의 능력을 의심하는 사람은 아무도 없었다. 관우와 장비는 전장에서 돌아오자마자 제갈량 앞에 꿇어 엎드렸다. 제갈량이 관우와 장비를 떨치고, 서열 2위로 자리매김하는 순간이었다.

당신이 상급자임에도 불구하고 신참이라는 이유로 사람들이 따라 주지 않을 때는 당신보다 더 윗사람의 위엄을 빌리는 것도 하나의 방법이다. 하지만 매번 그렇게 할 수는 없다. 허수아비로 보일 수 있기 때문이다. 처음 한두 번 윗사람의 권위를 빌렸다면, 그때 자신의 능력을 확실히 각인시키고 신뢰를 줘야 한다. 그래야 그 다음부터는 윗사람의 권위를 빌지 않아도 스스로 질서를 유지할 수 있다. 그럼 어떻게 해야 신뢰를 줄 수 있을까?

우선 당신이 할 수 있는 일은 당신이 가진 뭔가를 보여주는 것이다. 그것이 재능이든 실력이든 인품이든 리더십이든, 그게 무엇인지는 중요하지 않다. 중요한 것은 부하직원들이 인정할 만한 그 무엇이어야 한다. 당신에게 그것은 무엇인가?

정성을 다하자

작은 정성이 큰 기회를 만든다

서천의 유장[100]은 적이 쳐들어 온다는 소식을 듣자 스스로 막아 볼 생각은 못하고 겁부터 냈다. 얼른 장송(張松)[101]을 불러 조조에게 가 도움을 청하도록 지시했다. 그때 장송은 서천을 떠나면서 그곳의 지형과 지세, 군사 현황 등이 그려진 지도 한 장을 가슴에 품고 있었다. 하지만 아무도 그가 그것을 어디에 어떻게 쓰려는 것인지는 물론 그런 지도를 가지고 있다는 것조차 알지 못했다.

> 100) 유장(?~219) : 삼국시대 익주목(益州牧). 병약하고 무능해 신하 법정과 장송, 맹달 등이 익주를 유비에게 넘길 계책을 마련했다. (네이버 지식백과 / 중국역대인명사전)

> 101) 장송(?~212) : 유장 관하의 익주별가(益州別駕)를 지냈다. 민첩하고 두뇌회전이 빨라 주인 유장이 숨어서만 계책을 쓰는 소심함을 보자 익주를 유지하지 못할 것을 간파하고 다른 영웅을 불러들여 나라를 내어 줄 계책을 세웠다. (네이버 지식백과 / 중국역대인명사전)

장송이 조조를 찾아갔을 때, 조조는 마침 마초와의 전쟁에서 이긴 기쁨에

한껏 취해 있었다. 때문에 서천에서 사람이 왔다고 해도 대수롭지 않게 여겼다. 원래 아쉬운 사람이

102) 조공 : 종속국이 종주국에 때를 맞추어 예물을 바치던 일. 또는 그 예물

찾아오기 마련인데다 조조는 아쉬울 게 없었다. 조조는 장송을 보자마자 찾아온 이유는 묻지도 않고 유장이 제때 조공[102]을 올리지 않는다며 꾸짖기부터 했다. 또 일부러 자신의 위용을 과시하기 위해 호위병 5만 명을 훈련시키는 교장으로 장송을 데려갔다. 조조는 병사들의 훈련모습을 보여주며 으스대며 말했다.

"서천에도 이 같은 영웅들이 있소?"

"실로 대단합니다. 서천에서는 이런 병사들을 본 적이 없습니다. 우리는 다만 인의로 백성을 다스립니다."

우문현답이 이런 것일까? 무력을 내세웠는데 어짊과 의로움으로 답이 왔다. 조조는 장송의 기를 꺾으려다가 오히려 욕만 당한 셈이었다. 때문에 더 세게 나갈 수밖에 없었다. 직접적으로 협박을 했다.

"내 군사들이 한 번 출병을 하면 이기지 못함이 없다. 나를 따르는 자는 살고, 나를 거스르는 자는 죽는다는 걸 모르는가?"

장송은 아랑곳하지 않았다.

"어찌 모를 리가 있겠습니까? 다만 복양의 여포, 적벽의 주유, 화용도의 관우를 생각해볼 뿐입니다."

이 전쟁들은 모두가 하나같이 조조가 거의 죽을 뻔했던 패전 사례만을 언급한 것이었다. 그러니 장송은 조조의 협박을 비웃어 버린 셈이다. 조조는 당

장 장송의 목을 베고 싶었지만, 이웃 나라에서 온 사신을 죽이면 그곳 사람들의 원망을 사게 된다는 조정대신들의 반대에 부딪혀 맘대로 하지도 못했다. 하지만 조조는 장송을 가만 둘 수는 없었다. 기어이 몽둥이질로 화풀이를 해 내쫓았다.

이 일은 사신을 예로써 대하지 않은 조조에게도 잘못이 있지만, 장송도 잘했다고 보기는 힘들다. 장송이 유장을 대신해 조조를 찾아간 것은 평화로운 시기에 친분을 나누기 위함이 아니었다. 곧 불어 닥칠 국난에 대비해 보호해 달라는 부탁을 하러 간 상황이다. 그런데도 자신을 대하는 조조의 태도를 핑계로 본분을 망각한 채 기분대로 행동했다. 만약 우리나라 외교관이 이런 처신을 했다면, 국민들은 당장 파면시키라고 촛불을 들었을 것이다. 장송은 본인이 아쉬운 상황이라는 걸 명심하고 조조에게 정성을 쏟았어야 했다.

조조가 장송을 두들겨 패 내쫓았다는 소문을 들은 제갈량은 곧바로 장송에게 손을 뻗었다. 장송이 서천을 떠나온 데는 어떤 목적이 있을 거라고 추측하고, 조운을 보내 맞이하게 한 것이다. 조운은 유비의 명을 받아 먼 길을 오가는 사신을 위해 술과 먹을 것을 준비해 왔다며 장송에게 접근했다. 방금 조조에게 당한 뒤라 유비의 그런 마음 씀씀이는 장송을 감동시키기에 충분했다. 고맙다는 인사를 전하기 위해 유비를 만나러 가는데, 그 길에는 관우가 기다리고 있었다. 장송은 다시 한 번 유비의 배려에 감동하지 않을 수 없었다. 다음날 관우와 조운의 호위를 받으며 길을 나선 장송은 도중에 제갈량과 방통을 대동한 채로 성 밖까지 나와 기다리고 있는 유비를 보게 된다.

이 정도면 '고객 졸도' 수준이다. 관우와 조운은 물론 제갈량과 방통은 유비의 조직에서도 가장 서열이 높은 사람들이다. 그런 사람들이 차례로 성 밖까지 나와서 환대한다면 그 환대를 받는 사람의 자존감은 높아질 수밖에 없다. 당연히 자신을 그렇게 높게 인정해주는 사람들에게 감사하지 않을 수 없다. 게다가 조조에게 두들겨 맞고 쫓겨난 뒤의 기막힌 타이밍이라면 마음을 뺏기지 않을 수 없다. 물론 이 모두가 제갈량의 치밀한 계략이었지만, 그렇다고 하더라도 이런 정성스런 환대를 받고 기분 나빠할 사람은 없다.

장송을 맞이한 유비는 하루 종일 장송과 함께 이런저런 이야기를 나누면서도 정치적인 이야기는 입도 뻥긋하지 않았다. 때문에 조바심이 난 쪽은 오히려 장송이었다. 사실 장송은 유장이 서천을 다스릴만한 인물이 아니라고 여기고 있었다. 서천을 떠나면서 지도를 품고 나온 것도 그 때문이었다. 그런데 조조에게 푸대접을 받고나자 생각이 바뀌었다. 그때 우연히 제갈량의 손길이 장송에게 뻗쳤고, 유비를 만나보고 난 뒤에는 그의 인품에 푹 빠져 버린 것이다. 마침내 장송은 유비를 서천의 주인으로 결정하고 서천에 대해 묻기를 기다리는데, 도대체 그것에 대해서는 아무 말도 하지 않으니 자신이 먼저 말을 꺼낼 수밖에 없었다. 하지만 그 모든 게 제갈량의 계략이었음을 장송이 어떻게 알겠는가?

"형주의 규모는 어느 정도입니까?"

장송이 먼저 말을 꺼내자, 제갈량이 유비를 대신해 답했다.

"형주는 동오로부터 잠시 빌려 쓰고 있는 중입니다. 그나마 손권이 걸핏하면 돌려달라고 해서 걱정입니다."

엉뚱하다면 엉뚱한 대답이었지만, 장송이 걸려들었다.

"손권은 강동의 여러 군을 차지하고 있으면서도 무슨 욕심이 그렇게 많답니까?"

장송이 손권을 꾸짖자, 제갈량과 방통은 기다렸다는 듯이 말했다.

"그러게 말입니다. 정작 유황숙(=유비)은 땅 한 조각 가진 게 없는데, 다른 도적들만 넓은 땅을 차지하고 있으니, 이건 뭔가 잘못돼도 크게 잘못된 게 아니겠습니까?"

하지만 유비는 땅을 차지하는 일 따위에는 전혀 관심이 없는 듯했다. 오히려 애가 탄 장송이 그렇지 않다고 설득해 보려고 했지만, 유비는 전혀 흔들림이 없었다.

"다 제가 덕이 없는 탓입니다. 더 이상 말해 뭣하겠습니까?"

그렇게 사흘이 지나고, 장송이 떠날 때가 되자 유비는 다시 잔치를 열어 이별의 아쉬움을 표했다. 이쯤 되자 유비의 정성에 흠뻑 빠진 장송은 드러내놓고 유비를 설득하기 시작했다.

"군사를 이끌고 서쪽으로 오신다면 패업을 이루실 수 있습니다."

장송은 서천을 나오면서 몰래 숨겨왔던 지도를 꺼내 보였다.

어쩌면 제갈량은 그저 최소한의 대접을 하겠다는 생각이었는데, 기대 이상으로 장송과 서천의 지도라는 대어를 잡은 것인지도 모른다. 그러나 이 작은 시작이 나중에는 유비가 서천을 차지하고 한중왕에 오르게 하는 역사적인 발판이 된다. 겨우 한 사람을 정성껏 대접한 일이 그렇게 큰일을 이루게 될 줄을 누가 알았겠는가?

　입사한지 3년쯤 됐을 때다. HVDC 케이블에 문제가 생겼고 해외 제작사에서 조사단이 파견됐다. 그때 필자와 동기 한 명은 영어가 좀 된다는 이유로 그들이 조사하는 과정을 모니터링하고 필요할 경우 지원해 주라는 임무를 부여받았다. 조사단은 프랑스와 이탈리아에서 온 2명의 낯선 사내였다. 그 중 한 명은 전형적인 마피아 스타일이었다. 시커멓고 커다란 얼굴에, 얼굴을 거의 반쯤 뒤덮은 수염, 곱슬곱슬한 머리칼은 누가 봐도 마피아 최하위 조직원처럼 생겼었다. 유럽인의 젠틀한 이미지와는 거리가 있었다. 처음엔 상당히 낯설었지만, 며칠을 함께 지내다 보니 자연스럽게 친해졌다.

　하루는 일과시간이 지나고 곱슬머리 기술자가 필자에게 조언을 구했다. 조사단이 추가로 오게 됐다며, 완도에 괜찮은 피자집이 있냐는 거였다. 물론 있었다. 아무리 시골이라고 피자집이 없을까? 그러나 문제는 괜찮지 않다는 거였다.

　필자는 당시 완도에 하나밖에 없던 레스토랑으로 그들을 데리고 갔다. 그리고 그때 처음 알았다. 한 사람이 피자 한 판을 시켜 먹는다는 것을. 사실 그들도 그렇게 큰 피자가 나올지는 몰랐다고 한다. 우리는 서로 문화적 충격에 빠졌었다. 그러니까 필자는 피자 한 판을 시키면 당연히 여러 명이 나눠먹어야 한다고 생각했고, 그들은 당연히 피자 한 판이 한 사람이 먹을 정도의 크기일 거라고 생각했던 것이다.

어쨌든 그때 필자는 그들과 함께 식사도 하고, 2차로 맥주도 한잔하면서 우리나라 술 예절을 소개했다. 맥주 한 병을 시켜 혼자 먹으려던 이들에게 한국에서는 서로 따라주는 문화가 있다며 가르쳤다. 그들은 신기해하기도 하고, 재미있어 하기도 했다. 그들은 그렇게 한국에 머무르다가 고향으로 돌아갔다.

몇 달 뒤, 고객사로부터 호출이 왔다. 지난번에 왔던 조사단이 복구팀을 꾸려 우리나라로 들어오기로 했다는 것이었다. 복구팀은 하루 움직이는데 1억 원이 든다는 어마어마하게 큰 배를 타고 우리나라에 들어왔다. 선원들만 약 70여 명에 엔지니어들이 약 10명 정도 근무하는 해저케이블 포설 전용 선박이었다. 그런데 그 복구팀의 팀장이 함께 배에서 지내면서 자기네들과 고객사 사이를 연결해 줄 코디네이터로 필자를 추천했다는 것이다. 솔직히 필자는 영어를 아주 유창하게 구사하는 실력자는 아니다. 그저 친한 외국인과 대화가 통하는 수준일 뿐이다. 때문에 필자는 궁금하지 않을 수 없었다. 그들이 어떻게 필자를 알고 선택했을까?

나중에 알고 보니 그 곱슬머리의 이탈리아 사람이 그 프로젝트의 총 책임자였고, 그는 지난번 한국에서의 인연을 이유로 필자를 추천한 것이었다. 덕

제5장 삼국지로 배우는 공기업 생활 Tip 네 가지

분에 필자는 그 배에서 거의 3개월을 그들과 함께 지냈다. 약 80명의 복구팀 중 한국 사람은 고객사 감독 한 명과 필자뿐이었다. 매끼 식사를 이탈리아식 파스타와 스테이크로 하고 프랑스 와인과 에스프레소를 마시며 간식으로 피자를 먹으면서 지냈다. 말하자면 해외에서 3개월간 체류한 것과 똑같은 상황이었다. 이런 멋진 기회를 잡게 된 것은 고작 저녁 먹을 레스토랑 한 곳을 소개해주고 함께 맥주 한잔 마신 것이 전부였다. 별 것도 아닌 대접이 나중에 그런 큰 경험을 얻게 한 것이다.

기왕에 말이 나온 김에 그때 배에서 지내면서 있었던 일을 하나 더 소개하겠다. 우리는 한 달이 넘도록 바다에 떠 있었다. 워낙에 큰 배라 다행히 작은 배에서 느끼는 멀미 같은 것은 없었다. 하지만 배가 바다 한가운데에서 움직이지 않고 일을 했기 때문에 배에서 필요한 모든 것들, 예를 들면 물, 연료, 식자재 등은 모두 육지에서부터 작은 배를 통해 조달받고 있었다.

그러던 어느 날이었다. 우연히 곱슬머리 책임자의 생일이 다가온다는 정보를 입수했다. 필자는 재빨리 식자재를 조달하는 선장에게 부탁해 작은 케이크 하나를 부탁했다. 그리고 곱슬머리의 생일 날 그것을 건네주며 축하의 인사를 전했다. 그렇게 조촐한 선상 생일파티가 열렸다.

며칠 뒤, 필자의 상사였던 지사장님이 배로 찾아왔다. 그때 지사장님은 상당히 기분이 좋아 보였다. 고객사에서 필자를 아주 프로페셔널한 직원이라고 칭찬했다는 것이다. 입사한 지 겨우 3년 정도 지난 사원이 프로페셔널할 게 뭐가 있을까? 알고 보니 곱슬머리가 필자에게 케이크를 선물로 받은 걸 무척 고마워했다는 것이다. 망망대해에 덩그러니 홀로 떠 있는 배 위에서 생각지도 않은 생일축하를 받았으니 감동할 만도 하지만, 필자의 입장에서는 그리 큰 선물도 아니었다. 케이크 선물 하나 해주고 고객사로부터 프로페셔널하다는 말을 들었으니 필자로서는 엄청나게 남는 장사였다.

필요하다면 세 번이라도 찾아가라

예전에는 후배들이 "열심히 하겠습니다"라고 말하면, 선배들은 해보려는 의지와 패기가 넘쳐서 좋다고 했었다. 그때는 '열심히 하겠다'는 말을 '최선을 다하겠다'는 말로 해석했다. 할 수 있는 모든 것을 다 해보겠다는 뜻이었다. 그런데 요즘은 해석이 많이 달라졌다.

"열심히만 해서는 안 돼지. 잘 해야 돼!"

웃자고 하는 말 같지만 말 속에 뼈가 있다. 그냥 열심히만 하다가 끝내버리지 말고 성과를 내라는 압력이 들어있다. 그래서 필자는 주장한다.

"최선을 다하는 것만으로는 부족하다. 정성을 다해야 한다."

고작 단어 하나의 차이이지만, 어감에서는 상당한 차이가 느껴질 것이다. 훨씬 성의 있게 들린다. 게다가 열심히 하겠다는 말은 어쩐지 '일'을 열심히 하겠다는 것으로 그 범위가 제한적으로 들리지만, 정성을 다하겠다는 말은 '일'뿐만 아니라 '사람'에게도 그렇게 하겠다는 것으로 느껴진다.

간혹 실패를 경험한 사람들 중에는 "원하는 결과를 얻지는 못했지만 최선을 다했으니 후회는 없다"라고 말하는 사람이 있다. 그런데 만약 최선이 아닌, 정성을 다했다면 어땠을까? 왠지 실패하지 않았을 것 같다. 정성을 다한다는 것은 하늘을 감동시킨다는 의미이기도 하기 때문이다.

40대 중반이 된 유비는 그때까지 이뤄놓은 것이 아무것도 없었다. 든든한 기업이 있는 것도, 조직이 튼튼한 것도 아니었다. 가진 거라고는 오직 믿음직

한 두 아우 관우와 장비뿐이었다.

　사실 유비에게 가장 필요한 것은 넓은 땅도 용맹한 군대도 아닌 유능한 참모였다.

　그렇다고 유비에게 참모가 아예 없었던 것은 아니다. 잠시동안 서서(徐庶)[103]를 채용해 조직의 기틀을 잡는가 싶었지만, 곧 조조의 간계에 빠져 그를 보내야만 했다. 하

> 103) 서서(?~234) : 유비의 참모였으며 제갈량을 천거한 인물. 무예에 뛰어났고 학문에도 밝아 형주에 머물던 유비를 만나 그의 참모가 되었다. (네이버 지식백과 / 두산백과)

지만 성과도 있었다. 서서가 떠나면서 제갈량(諸葛亮)을 추천한 것이다.

　"제갈공명은 잠시 몸을 움츠리고 있는 용입니다. 한 번 만나보시겠습니까?"

　"혹시 그대가 데리고 올 수는 없소?"

　"글쎄요. 그 사람은 가서 볼 수는 있어도 억지로 오게 할 수는 없습니다. 주공께서 몸을 굽혀 직접 찾아가셔야 할 것입니다."

　유비의 삼고초려는 이렇게 시작됐다. 맨 처음, 유비는 무작정 제갈량을 찾아갔다. 하지만 제갈량은 집에 없었다. 게다가 부리는 사람이 말하기를, 한 번 나가면 며칠씩 집을 비우는 경우도 있어서 언제 올지도 모른다고 했다. 유비는 그저 찾아왔었다는 메시지만 남겨놓고 돌아올 수밖에 없었다.

　며칠 뒤, 유비는 제갈량의 집에 사람을 보내 그가 있는지부터 확인했다. 이

옥고 제갈량이 집에 있다는 전갈을 받은 유비는 출발을 서둘렀다. 그때 장비가 투덜거렸다.

"꼭 형님이 가야 되는 거요? 제갈량에게 오라고 하면 되지 않소?"

어쩌면 당연한 이야기였다. 하지만 유비는 장비를 꾸짖었다.

"맹자께서는 어진 이를 보려하면서 바른 길로 가지 않음은 안으로 들어가려 하면서 문을 닫는 것이나 다름없다고 하셨다. 하물며 당대 최고의 현자를 만나는 일인데 내가 직접 찾아가야지 어찌 불러올 생각을 하느냐?"

하지만 유비 일행이 제갈량의 집에 도착했을 때, 그들을 기다리고 있는 사람은 당대 최고의 현자가 아니라 그의 동생이었다. 제갈량은 어제 나갔다고 했다.

이쯤 되면 제갈량은 유비를 일부러 피한 것일 수도 있다. 이미 첫 번째 방문에 대한 메시지를 받았을 것이고, 바로 어제는 사람이 와서 집에 있다는 것을 확인하고 갔었다. 당연히 유비가 방문할 것이라는 걸 전했을 것이다. 그럼에도 불구하고 집을 나가버렸다면 유비를 만나고 싶지 않다는 의사를 분명히 표시한 것이다.

유비도 그걸 알았던 것일까? 유비는 자신의 간절한 바람을 편지로 남겼다. 무너져가는 한나라를 다시 세우고 널리 세상을 구하고자 하니, 백성을 생각하는 너그러움과 나라를 향한 충성으로 자신을 도와달라는 것과 목욕재계하고 다시 찾아오겠다는 내용이었다.

시간이 흘러 마침내 겨울이 지나고, 봄이 왔다. 유비는 사흘을 목욕재계 한 뒤, 다시 제갈량의 집을 향해 떠났다. 말하자면 불시에 방문한 것이다. 다행히 제갈량은 집에 있었다. 다만 마루에 누워 낮잠을 자고 있다고 했다. 유비는 관우와 장비를 문 밖에 남겨둔 채 홀로 안으로 들어갔다. 그리고 마당에 선 채로 제갈량이 잠에서 깨기를 기다렸다.

반나절이나 지났을까? 한참을 기다려도 유비가 나오지 않자 속사정이 궁금해진 장비가 초당 쪽을 기웃거리다가 어처구니없는 광경을 목격한다. 어린 제갈량은 누워 자고 있는데, 사십 중반의 유비가 그 아래 두 손을 모으고 서 있는 걸 본 것이다. 유비는 차마 제갈량의 낮잠을 깨우지 못하고 있었다. 그 모습을 본 장비는 속이 뒤틀렸다. 당장 제갈량을 때려죽이고, 이놈의 집구석을 깡그리 불질러버리겠다며 소란을 피웠다. 제갈량이 깜짝 놀라 일어났다.

이 장면에서 눈여겨 볼 것은 제갈량을 대하는 유비와 관우, 장비의 상반된 태도다. 우리 옛말에 '목마른 사람이 우물을 판다'는 말이 있다. 절실히 필요한 사람이 그 일을 서둘러서 시작한다는 뜻이다. 유비에게 있어 제갈량을 얻는다는 것은 해묵은 갈증을 해소하는 것과 같았다. 그래서 그를 만나기 위해 우물을 팠다. 그것도 세 번이나 팠다. 마지막에는 사흘이나 목욕재계를 할 정도로 정성을 들였다.

다음은 2014년 개봉했던 이재규 감독의 영화 '역린(逆鱗)'에서 소개되면서 널리 알려진 《중용(中庸)》 23장에 있는 말이다.

"작은 일도 무시하지 않고 최선을 다해야 한다. 작은 일에도 최선을 다하면 정성스럽게 된다. 정성스럽게 되면 겉에 배어 나오고, 겉에 배어 나오면 겉으로 드러나고, 겉으로 드러나면 이내 밝아지고, 밝아지면 남을 감동시키고, 남을 감동시키면 이내 변하게 되고, 변하면 생육된다. 그러니 오직 세상에 지극히 정성을 다하는 사람만이 나와 세상을 변하게 할 수 있는 것이다."

작은 일에 최선을 다한 유비는 마침내 제갈량을 얻었다.

반면에 장비는 한낱 서생에게 그렇게까지 해야 하는지 이해할 수 없었다. 사람을 보내 부르면 될 일을 고생스럽게 찾아간다는 것 자체가 불만이었다. 관우도 드러내놓고 불만을 표시하지는 않았지만 속마음은 장비와 다르지 않았다. 그 둘에게는 갈증이 없었다. 그러니 정성도 없었다.

하찮은 일이라고 게을리 하지 마라

얼마 전 필자는 우리나라의 전력품질이 세계최고 수준이라는 내용의 보고서를 쓸 일이 있었다. 그래서 신입사원 3명에게 자료조사를 부탁했다. 기한을 주고 인터넷을 활용해 논문이든, 학회발표지든, 신문기사든 객관적으로 증빙이 가능한 자료를 닥치는 대로 찾아달라고 요청했다. 마침내 약속한 시간이 되자 그들에게 그동안 조사한 것들을 가지고 모이게 했다. 신입사원 3명이 가지고 온 자료는 말 그대로 '3인3색'이었다.

O사원이 가지고 온 자료는 많지 않았다. 증빙 가능한 자료를 찾다보니까 구하기가 어려웠다고 했다. P사원은 자료는 많은데 객관적인 증빙이 가능하지 않았다. 개인적인 의견이나 두루뭉술한 표현의 자료가 대부분이었고, 수치로 입증하는 자료는 없었다. 어떤 것은 출처가 인쇄되어 있지 않은 것도 있었다. 자료로 쓰려고 해도 출처를 밝히기 위해 다시 찾아야 할 지경이었다. 하지만 필자가 둘에게 지적하고 싶은 것은 자료의 양이나 증빙의 문제가 아니었다.

O와 P사원은 본인들이 인터넷에서 찾은 자료를 그대로 인쇄해서 가지고 왔다. 인쇄물의 어느 부분에 전력품질에 대한 언급이 있는지 표시를 해 두지 않아서 알 수가 없었다. 갑자기 '혹시 나 보고 처음부터 다 읽어보라는 뜻일까?'라는 생각이 들었다. 그럴 거라면 필자가 따로 시킬 이유가 없지 않을까? 필자가 인쇄물의 어느 부분에 전력품질에 대한 내용이 있냐고 묻자 둘은 그

때서야 다시 찾기 시작했다. 본인도 어디에 있는지 잊어버린 것이다.

추측컨대 O사원이나 P사원은 필자가 왜 이런 일을 시켰고, 어디에 쓸 것인지를 이해하지 못했던 것 같다. 혹시 '자기가 찾아서 하지, 왜 나한테 이런 걸 시키는 거야?'라든지, '이런 하찮은 일이나 하려고 내가 그렇게 죽어라고 공부한 게 아닌데'라는 생각을 했을 수도 있다. 물론 필자가 너무 억지스러운 주장을 하는 것일 수도 있다. O사원과 P사원은 그저 처음 해보는 일이라 잘 몰랐을 수도 있다.

하지만 Q사원이 준비한 자료는 남달랐다. 자료의 출처가 논문인지, 아니면 신문기사인지 또 필자가 찾고자 하는 내용이 어느 부분에 기록되어 있는지 형광펜으로 표시를 해가지고 왔다. 그 곁에는 약간의 내용요약까지 돼있었다. 그야말로 판타스틱했다.

모든 보고서의 시작은 자료조사에서부터 출발한다. 보고서를 쓰게 된 배경이나 써야 할 목적이 주어지면, 그 다음은 현황이나 문제점을 분석하는 것이다. 모두 자료조사를 통해 이뤄지는 일이다. 만약에 이것이 잘못되면 그 다음에 나올 개선방안이나 시행계획은 엉뚱한 방향으로 흘러가되게 된다. 셔츠의 첫 단추를 잘못 꿰었는데 다음 단추들이 제대로 꿰질 리가 없다. 자료조사를 하찮은 일이라고 무시해서는 안 되는 이유다.

이번 같은 경우도 자료조사를 하면서 자연스럽게 외국의 전력품질 수준을 알게 되고, 그에 비해 우리나라의 수준이 어느 정도인지도 알 수 있었을 것이다. 더불어 우리 회사가 하고 있는 일이 무엇인지, 왜 하는지, 앞으로는 어떻게 해야 할지에 대해서도 생각해 볼 수 있는 좋은 기회였다. 이런 조사를 해본 사람과 해 보지 않은 사람의 차이는 분명히 있다.

《삼국지》에서도 '내가 이런 일을 할 사람이 아닌데'라는 생각을 한 사람이 있었다. 방통이다. 앞서 필자는 방통이 못생겼다는 이유로 손권과 유비의 면접에서 낭패를 봤다는 이야기를 했었다. 그때 방통은 유비도 어쩔 수 없는 인간이라는 생각에 비통했다. 하지만 한 번은 참아보기로 했다. 끝내 알아주지 않으면 그때 떠나도 늦지 않다고 스스로를 위로했다. 그래서 지방 현령이라는 미관말직을 수락하고 떠났다. 하지만 최선을 다하지는 않았다.

방통은 현령으로 부임한 이후, 일에는 관심도 없이 매일 술과 함께 살았다. 마침내 이 소문은 유비의 귀에까지 들어갔고, 화가 난 유비는 즉시 장비와 손건을 파견해 잘못을 바로잡게 했다.

장비가 고을에 도착했을 때 방통은 보이지 않았다. 사람들은 방통이 전날 마신 술 때문에 아직도 자고 있을 거라고 했다. 이제 막 발령을 받아 임지로 떠난 지방직 공무원이 술에 취해서 출근을 못한 것이다. 틀림없는 징계 사유였다. 때문에 성질 급한 장비는 당장 방통을 잡아다가 족치려고 했다. 그때 만약 손건이 뜯어 말리지 않았다면 방통은 거기서 생을 마감했을 수도 있다. 간신히 화를 누른 장비가 방통에게 물었다.

"왜 공무를 소홀히 한 것이냐?"

방통은 장비에게 아무런 대답도 하지 않았다. 다만 수하들에게 그동안 밀린 일들이 뭐냐며 모두 가져오게 하더니, 장비가 보는 앞에서 하나하나 처리해 나가기 시작했다. 그 일처리가 얼마나 매끄럽고 사리가 뚜렷한지 보는 사람들 치고 감탄하지 않는 이가 없었다. 반나절도 안 돼 석 달 밀린 일을 모두 마무리한 방통이 오히려 장비에게 되물었다.

"내가 소홀히 한 일이 어디 있습니까? 나는 조조와 손권에 관한 일조차 마치 손바닥 보듯이 하는데, 이까짓 작은 고을의 일쯤이야 어디 신경 쓸 일이나 있겠습니까?"

일견 거만하고 하늘 아래 사람이 없다는 듯한 말투였지만, 유비 곁에서 오랫동안 사람들을 지켜봐 온 장비는 즉각 방통의 재능을 알아봤다. 얼른 방통에게 사죄하고는 당장 유비에게 천거하겠다고 말했다. 방통은 그제야 노숙이 써 준 추천장을 꺼내보였다.

"왜 진작 보여주지 않으셨습니까?"

"바로 내놓았다면, 내가 마치 추천서 한 장에 기대어 써주기를 구하는 것 같지 않겠습니까?"

그러니까 방통은 자신의 능력만으로 당당하게 인정받고 싶었던 것이다. 이후 유비를 다시 만난 방통은 제갈량이 써 준 추천장도 내보였다. 그제야 유비는 방통이 누구인지 알아봤고, 이후 중용했음은 말할 것도 없다.

지금 이 책을 읽고 있는 독자들 중에도 작은 고을에 현령으로 발령이 난 방통의 처지가 꼭 본인의 처지와 같다고 생각하는 사람이 있을 것이다. 예를 들어 제대로 된 일은 하나도 없고, 오로지 단순 복사나 전화응대만 하고 있거나 손님들 차 심부름만 하고 있다면 그런 자괴감은 더 심할 것이다. '내가 고작 이런 일을 하려고 회사에 입사했나? 내가 토익점수가 몇 점인데? 컴퓨터 활용능력은 또 어떻고? 내가 가진 자격증만 해도 몇 개는 되는데?'라는 생각이 들면 이직을 해야 하는 게 아닌가 하는 의구심마저 들 것이다.

하지만 대부분의 신입사원들이 그렇게 하찮다고 생각하는 것에서부터 일을 배우기 시작한다. 심하게 말해서 아무도 이제 막 입사한 신입사원에게 스스로 판단해서 할 일을 맡기지 않는다. 특히 공기업에서는 더더욱 그렇다. 일에는 순서가 있다. 복사를 하고 전화응대를 하면서 선배들의 일을 배우는 것이다. 하찮게 여겨지는 일일지라도 최선을 다하고 반복해서 하다보면 스킬이 향상된다. 똑같은 양의 복사를 해도 시간이 단축될 것이고, 전화응대를 하다보면 어느 부서에 누가 있는지, 누가 무슨 일을 하는지 감도 잡을 수 있다. 때문에 태만해서는 안 된다. 실제 회사에서는 손건처럼 당신에게 한 번만 더 기회를 주자고 편들어 줄 사람보다 장비처럼 징계를 줘야 한다고 주장하는 사람이 더 많다.

그래도 억울하다면, 이 질문에 답해 보자. 당신은 방통의 재능을 가졌는가?

감투, 그거 별거 아닐 수도 있다

입사와 동시에 본사 근무를 하는 경우도 있다. 특히 사무직의 경우, 신입사원임에도 불구하고 예산이나 인사 또는 기획과 관련된 업무를 맡기도 한다. 이런 경우 어쩔 수 없이 본사 내 사업부서나 현장부서를 관리하고 통제하는 일을 하게 된다. 입사와 동시에 감투를 쓴 셈이다.

또 회사에 처음 입사해서 받은 직무가 감독인 경우도 있다. 특수한 경우지만, 전력 공기업 중에서도 특히 한전이나, 한수원, 발전회사에 입사한 신입사원들은 이런 직무를 맡을 수도 있다. 이들은 본인의 의사와 상관없이 공사 감독의 지위를 갖고 다른 기업의 직원들과 마주하게 된다.

이런 경우 뭔가 권한을 누리는 것 같아 운이 좋다고 여길 수도 있지만, 아무리 잘해도 욕먹는 자리가 또 그 자리다. 그러니 오히려 신입사원답지 않게 더 신중하고 겸손해야 할 수도 있다.

유비 형제는 수많은 전투에서 승리를 거머쥠으로써 황건적 소탕에 큰 공을 세웠다. 난리가 진정되고 조정에서는 황건적을 무찌르는 데 공을 세운 장수들에게 포상을 내리기로 했다. 유비도 그 공이 적다고 할 수 없기에 고향으로 돌아가는 대신 낙양으로 입성했다. 그런데 아무리 기다려도 상을 준다는 소식이 없었다. 알고 보니 십상시[104]들이 실제로 전쟁에

> 104) 십상시 : 중국 한나라 영제(靈帝) 때에 환관(宦官). 장양 · 조충 · 하운 · 곽승 · 손장 · 필남 · 율숭 · 단규 · 고망 · 장공 · 한리 등 10인(네이버 지식백과 / 한국고전용어사전)

서 공을 세운 사람들의 성과는 덮어 버리고, 자기들에게 뇌물을 바친 사람들에게만 벼슬과 상급을 나눠줘 버린 것이었다. 그러니 전쟁에서 공이 있고 없고는 아무런 의미가 없었다. 그저 뇌물의 많고 적음에 따라 포상이 결정됐다. 그런데 유비는 뇌물을 바친 적이 없으니, 조정에서는 유비가 전공을 세운 유공자라는 것 자체를 모르고 있었다.

나중에서야 이 사실을 알게 된 몇몇 대신들이 유비의 억울함을 상소하고 나서야 유비는 겨우 관직을 하나 제수 받을 수 있었다. 그런데 그 관직이라는 게 고작 조그마한 고을의 현위였다. 유비가 전쟁에서 거둔 공에 비하면 말도 안 되게 낮은 직책이었지만, 그래도 유비는 열과 성을 다해 정사에 임했고, 오래지 않아 고을 백성들의 존경을 한 몸에 받게 됐다.

그러던 어느 날, 고을에 독우[105]가 찾아왔다. 전쟁에서 공도 없으면서 뇌물로 벼슬을 산 사람을 색출해서 관직을 박탈하겠다는 것

> 105) 독우 : 순찰하는 벼슬아치. 군(郡)의 좌리(佐吏)로 속현(屬縣)의 행정을 맡은 관리(네이버 지식백과 / 한시어사전)

이었다. 터무니없는 일이었다. 유비로 보면, 오히려 황건적 포상의 피해자라 할 수 있는데, 그런 사람에게 감찰이 나왔으니 어이가 없었다.

게다가 유비를 찾아온 독우는 행동이 거만하고 예의라고는 찾아볼 수가 없었다. 그래도 유비는 상급기관에서 나온 관리라는 이유로 정성껏 대접했다. 독우는 마치 자신이 황제라도 된 듯 거드름을 떨며 유비의 트집을 잡기 시작했다. 그러나 아무리 털어도 먼지가 나지 않자, 이번에는 애꿎은 현리들을 다

그치기 시작했다. 유비의 비리를 이실직고하라는 것이었지만, 그 속셈은 뇌물을 내놓으라는 것이었다. 그러나 유비는 백성들에게서 빼앗은 재물이 없으니 뇌물로 줄 것도 없었고, 행여 있다고 하더라도 뇌물을 바칠 유비가 아니었다. 그러나 독우는 나름대로 바라는 게 있다 보니 계속해서 죄 없는 현리들을 족칠 수밖에 없었다. 억울한 현리들만 맞아 죽을 지경이었다.

이때 등장한 사람이 장비다. 장비는 독우가 하는 꼴을 도저히 눈뜨고 볼 수 없었다. 마침내 독우를 잡아다가 나무 기둥에 꽁꽁 묶더니 어디선가 구해 온 회초리로 사정없이 내려치기 시작했다. 그 소식을 듣고 쫓아온 유비가 아무리 제지해도 장비는 막무가내였다. 장비는 당장 독우를 죽여 버리고 벼슬을 때려 치자고 했다. 차라리 산채를 열어 도둑질이나 하는 게 낫겠다며 심술을 부렸다. 이미 초죽음이 된 독우는 제정신이 아니었다.

"제발 목숨만은 살려주시오. 살려만 주면 그 은혜는 평생 잊지 않겠소."

조금 전까지 보이던 허세는 온데간데없었고, 너무나도 비굴하기 짝이 없는 모습이었다. 한참을 생각에 잠겨 있던 유비가 마침내 독우에게 충고했다.

"마땅히 너를 죽여 너의 부조리함을 벌해야 하나, 잠시 목숨을 붙여둔다. 또다시 못된 마음을 먹으면 반드시 네 목이 어깨 위에 남아있지 않을 것이다."

유비는 두 아우와 함께 고을을 떠났다. 그러나 비굴하게 목숨을 건진 독우는 본거지로 돌아가자마자, 유비의 죄를 열 배나 부풀려서 일러바쳤다. 덕분에 유비 형제는 황건의 난에서 세운 공적은 고사하고, 오히려 쫓기는 신세가 되었다.

이문열 작가는 《삼국지》에서 "사람이 못날수록 쥐꼬리만 한 권력만 잡으면 턱없이 우쭐대는 법이다"라고 말했다. 아무리 작은 것이라도 일단 감투라는 것을 쓰기만 하면 안하무인이 되는 사람들이 있다는 말이다.

놀랍게도 이런 사람들에게는 아주 특별한 공통점이 있다. 자기보다 힘이 강하거나 지위가 높은 사람에게는 한없이 약하다가도, 자기보다 지위가 낮거나 힘이 없는 약자를 만나기만 하면 언제 그랬냐는 듯이 강한 면모를 보인다. 마치 장비에게 죽도록 맞은 독우처럼 상황이 불리해서 목숨을 빌 때는 더 이상 비굴해질 수 없을 만큼 비굴해졌다가도 위기를 벗어나기만 하면 언제 그랬냐는 듯이 돌변한다. 자존심이라고는 찾아볼 수가 없다.

사람들은 앞의 이야기에 나온 독우처럼 작은 감투 하나가 세상의 전부인 양 행세하는 인간을 가리켜 '그릇이 작다'라고 한다. 그러면 왜 사람을 그릇에 비유하는 걸까? 아마도 그릇이 뭔가를 담는 도구이기 때문에 그런 게 아닌가 싶다. 사람도 머리에는 지식이나 지혜를 담고 가슴에는 인격이나 성품을 담는다고 표현할 수 있으니, 모두 담는다는 의미에서 서로 비유되는 게 아닐까?

실제로 그릇은 그 크기에 따라 채울 수 있는 양이 달라진다. 예를 들어 작은 그릇에 물을 담으면 조금밖에 채울 수 없지만 큰 그릇에는 많이 채울 수 있다. 그런데 작은 그릇에 너무 많은 물을 들이부으면 어떻게 될까?

사람도 마찬가지다. 사람의 인격이나 성품이 작은 데 그에 맞지 않은 권력이나 재물이 주어지면 차고 넘친다. 스스로 통제를 못한다.

옛날이야기를 하나 하겠다. 고려 말, 20대의 젊은 나이에 장원급제하여 군수가 된 사람이 있었다. 대개 어린 나이에 큰 성공을 거둔 사람들이 그렇듯이, 이 남자도 자만심으로 가득 차 있었다.

어느 날, 남자는 무명선사를 찾아가 물었다.

"스님이 생각하기에 내가 이 고을을 다스리는 사람으로서 최고로 삼아야 할 덕목이 무엇이라고 생각하오?"

그러자 무명선사가 대답했다.

"그건 어렵지 않지요. 나쁜 일을 하지 말고, 착한 일을 많이 하시면 됩니다."

"그런 건 삼척동자도 다 아는 이치인데, 먼 길을 온 내게 해줄 말이 고작 그것뿐이오?"

남자는 거만하게 말하며 자리에서 일어나려 했다. 그러자 무명선사가 차나 한잔하고 가라며 붙잡았다. 남자는 못이기는 척 자리에 앉았다. 이윽고 차를 준비해 온 무명선사가 찻물을 따르는데, 남자의 찻잔이 넘치도록 계속해서 따랐다.

"스님! 찻물이 넘쳐 방바닥을 망칩니다."

남자가 소리쳤다.

그러자 무명선사가 남자를 물끄러미 쳐다보며 말했다.

"찻물이 넘쳐 방바닥을 망치는 것은 알고, 지식이 넘쳐 인품을 망치는 것은 어찌 모르십니까?"

스님의 이 한마디에 남자는 부끄러움으로 얼굴이 붉어졌고 황급히 일어나 방문을 열고 나가려고 했다. 그러다가 그만 머리를 문틀에 세게 부딪히고 말았다. 무명선사가 빙그레 웃으며 말했다.

"고개를 숙이면, 부딪히는 법이 없습니다!"

이 이야기는 고려 말, 조선 초의 문신이었던 맹사성의 일화로 알려져 있다. 맹사성은 어린 나이에 장원급제를 했으니 자만할 만도 했다. 이미 그릇에는 넘치도록 물이 차 있으면서도 짐짓 겸손한 척, 가르침을 구하겠다고 무명선사를 찾아갔다. 하지만 어차피 다녀왔다는 게 중요하지 정말로 뭔가를 얻기 위해 간 것은 아니었을 것이다. 요즘도 정치인들이 주로 써먹는 '보여주기식'의 행보라 할 수 있다. 그런데 무명선사로부터 시답잖은 소리를 들었으니 짜증이 났을 게 당연하다. 하지만 무명선사도 보통내기가 아니었다. 찻잔이 넘치도록 찻물을 따르면서 맹사성을 깨우쳤다. 그때 맹사성은 머리에 뭔가를 맞은 것처럼 충격이 컸을 것이다. 나중에 문틀에 부딪힌 것쯤이야 아픈 줄도 몰랐을 것이다. 그리고 보면 맹사성의 그릇이 단단하게 굳어 있었던 것은 아닌 듯하다. 오히려 무명선사의 가르침에 곧바로 깨달음을 얻을 정도로 유연했다고 볼 수 있다. 이후 맹사성의 삶은 변했고, 지금도 소박한 성격과 청렴한 생활로 황희 정승과 함께 청백리[106]의 상징으로 통하고 있다.

이번에는 몇 년 전 인터넷을 뜨겁게 달궜던 최신 버전의 이야기다. 초등학생쯤으로 되어 보이는 아이가 할머니 대신 손수레를 끌고 가던 중에 실수로 길가에 정차

된 외제차량과 부딪혔다. 할머니와 아이가 어쩔 줄 몰라 안절부절 하고 있을 때, 한 학생이 그들 대신 차주에게 전화해서 자초지종을 설명했다. 잠시 후, 현장에는 부부로 보이는 아저씨와 아주머니가 도착했다. 주변 사람들은 이제 할머니와 아이가 변상할 일만 남았다고 생각했다. 그런데 뜻밖의 일이 벌어졌다. 부부가 할머니와 아이를 보자마자 고개를 숙여 사과한 것이다. 할머니와 아이는 물론 주변 사람들이 모두 깜짝 놀랐다. 그러나 곧 그 부부의 행동을 이해하게 됐다.

"차를 주차장에 댔어야 했는데, 도로변에 주차해서 통행에 방해가 된 모양입니다. 그 때문에 아이가 부딪쳤으니 정말 죄송합니다."

이런 일이 가능할까? 거의 일어날 수 없는 일이라고 본다. 게다가 차에 상처를 낸 사람들이 손수레를 끄는 아이와 할머니라면 얘기는 이미 끝났다. 사람들은 대개 상대방이 자신보다 사회적으로 지위가 낮거나 가난하게 보이면 갑자기 못된 자존감이 상승한다. 남자 운전자들이 자신의 차 앞으로 끼어든 차량의 운전자가 여성이라는 사실을 앎과 동시에 그녀들을 향해 욕을 퍼부어대는 것도 같은 이치다. '나보다 아래다'라고 판단하는 순간, 급격히 전투력

이 상승한다. 따라서 이 외제차량의 차주도 오자마자 내 차가 얼마나 다쳤는지부터 살펴보는 게 오히려 정상이다. 그다음엔 가해자를 향해 화를 내고, 손해배상을 청구하는 게 당연한 수순이다. 그렇다고 해서 차주를 비난할 사람이 있을까? 하지만 이 부부는 자신들이 먼저 고개를 숙이고 사과를 했다. 이 사건은 실제 일어난 일이다. 나중에 이 외제차 회사에서는 이 부부를 수소문해 찾아낸 뒤, 전액 무상으로 수리해 줬다는 뉴스도 있었다.

갑자기 엉뚱한 이야기들을 한 것 같지만 본질은 똑같다. 지위가 높아도 성품이 받쳐주지 못하면 아무것도 아니다. 게다가 지금 당장의 지위가 영원하지도 않다. 운이 좋아 감투를 쓰게 된 거라고 생각하고, 오히려 자신의 그릇을 시험해 볼 기회로 삼자.

조금 더 경력을 쌓은 뒤에 시도하자

조조는 20세에 효렴[107]으로 추
천되었다가 곧 수도 낙양 북부지
역의 치안을 담당하는 낙양북부위

로 임명되었다. 우리나라로 치면 서울 종로경찰서장쯤 될 듯하다.

그때 조조는 다섯 가지 색으로
칠한 몽둥이를 성문에 걸어놓고

미리 정한 시각 이외에 문을 드나드는 사람은 누구든 그 몽둥이로 때려죽이
겠다는 영을 내렸다. 도성의 성문이 허술하면 마침내 금문[108]도 업신여기게
된다는 이유였다.

하지만 예나 지금이나 꼭 하지
말라는 것을 기어이 하는 사람이
있다. 누군가가 조조의 영을 무시
하고 한밤중에 그 문을 지나가다
가 붙잡혔다. 그런데 붙잡고 보니

예사 인물이 아니었다. 사실 함부로 돌아다니면 때려죽이겠다는 경찰서장
의 공표에도 불구하고, 제 맘대로 돌아다닐 정도라면 뭔가 믿는 구석이 있
다는 말이다. 실제로 그는 나는 새도 떨어뜨린다는 십상시, 건석(蹇碩)[109]의
숙부였다. 당시 건석은 황제의 신임을 온몸에 받고 있었다. 그러나 조조는
단호했다.

"국법을 시행하는데 어찌 사사로움이 있겠느냐."

그 자리에서 십상시의 숙부를 오색봉으로 때려 죽였다. 다음날 건석이 황제를 찾아가 눈물로 참소했지만, 워낙 잘잘못이 뚜렷한 일이라 황제도 어쩔 수 없었다.

만약 당신이 조조라면 어떻게 했을까? 당당하게 당신이 세운 규칙에 따라 법을 집행했을까? 아니면 거대 권력의 벽을 넘지 못하고 모른 척 눈 감아 줬을까?

단편적으로 봤을 때 조조는 법을 집행하는 사람으로서 그 임무를 수행하는 데 사적인 감정을 섞지 않았다. 십상시의 숙부도 조조에게 걸리면 가차 없이 형이 집행된다는 것을 보여줬고, 덕분에 조조는 그의 이름을 세상에 알리는 데 성공했다.

사실 이렇게 하는 것이 본인의 일을 하는 데는 편할 수도 있다. 이것저것 사정을 봐주다보면 여기저기 부탁하는 사람들이 생기기 시작하고, 나중에는 누구는 되고 누구는 안 되냐고 불만을 품는 사람들이 생기기 마련이다. 따라서 법을 집행함에 있어서는 원칙을 고수하는 것이 가장 최선이다.

그러나 말이 그렇지, 현실적으로 이 일은 그렇게 단순하지 않다. 아직 사회생활을 해보지 않은 순진한 생각이다. 옛날에는 가능했을지 모르지만 지금은 쉽지 않다. 이 세상이 언제나 이상과 이성으로만 움직이는 것은 아니다. 혹시 필자가 너무 비겁하다고 생각하는가?

자, 흥분을 가라앉히고 상황을 좀 더 냉철히 보자. 일단 조조는 다른 사람도 아니고, 황제가 총애하고 믿는 십상시의 친인척을 살해했다. 아무리 규정에 따른 것이라고는 하지만, 지금 시대에 이렇게 하기는 쉽지 않다.

현실감을 높이기 위해 이렇게 가정해보자. 종로경찰서장이 청와대 비서실장의 작은 아버지를 자신이 만든 규칙을 지키지 않았다는 이유로, 어떠한 법적 절차도 거치지 않은 채, 스스로의 판단에 따라 현장에서 즉결 심판한다는게 가능한 일일까? 아니, 이게 잘 한 일일까?

이중톈 교수의 《삼국지 강의》에 의하면, 이 사건으로 인해 조조는 권세가들의 미움을 샀고, 환관 집단에게도 미움을 샀다. 하지만 이들은 당장 조조를 어떻게 할 수는 없었다. 이 사건이 있은 후로 조조는 지방의 현령으로 발령이 났는데, 겉으로는 승진한 듯 보였지만 실제로는 좌천당한 것이었다. 그 뒤로도 조조는 한 번의 면직과 두 번의 사직이 있었다. 그나마 조조가 그렇게라도 버틸 수 있었던 것은 오직 아버지 조숭이 뒤에서 버텨줬기 때문이었다. 조숭은 비록 돈을 주고 산 것이기는 하지만, 태위의 벼슬을 지낸 사람이다. 태위라고 하면, 삼공의 수장으로서 명의상이지만 전국의 군사를 총괄하는 최고책임자이다. 그러니까 조조는 아버지 조숭이 없었다면 진즉에 낙동강 오리알이 됐을 거라는 말이다. 즉 조조도 뒤에 뭔가 믿을만한 구석이 있었기 때문에 맘대로 행동할 수 있었던 것이다. 이게 현실이다.

이제 이 이야기는 '이상을 지향할 것인가' 아니면 '현실에 순응할 것인가'의 문제가 되었다. 정답은 없다. 오로지 당신의 선택이다. 다만 필자의 생각을 굳이 말하자면, 필자는 당신이 비록 관리자일지라도 신입사원임을 잊지 않기를 바란다. 다시 말해, 조조처럼 행동하지 않기를 바란다. 이제 갓 입사한 신입사원이 자신이 가진 작은 감투를 가지고 조직을 흔들어봤자 먹히지 않을 가능성이 너무 크다. 정 그렇게 하고 싶다면, 조금 더 경력을 쌓은 뒤에 시도하자. 지금은 때가 아니다.

에필로그 epilogue

아무리 장성한
자식이라도
그 부모에게는
어리게 보이는 게
인지상정(人之常情)
일 것이다.

두 아들 역시 필자가 보기에는 너무나도 어린데, 수 년 안에 취업을 하게 될 거라는 생각이 들자 뭐라도 해야겠다는 의무감 같은 것이 생겼다. 아버지로서 그리고 공기업에서만 20여 년이 넘도록 근무한 선배로서, 필자가 할 수 있는 것은 다니는 회사에 대해 알려주는 것이었다. 바다가 어떤 곳인지를 알아야 '동경(憧憬)'이라는 것도 해 볼 것이고, 그래야 바다로 나갈 방법도 찾아볼 게 아닌가?

때문에 이 책은 두 아들을 위해 쓴 거라 해도 과언이 아니다. 그렇다고 두 아들이 꼭 공기업에 취업해야 한다고 생각하지는 않는다. 민간기업이어도 괜찮고, 중소기업이라도 좋다. 다만 거기가 어디든 정말로 원하는 곳이기를 바란다.

그럼에도 불구하고 만약에 공기업에 취업하게 된다면 사회생활 초보로서 그리고 나이 어린 후배로서 회사에서 어떻게 처세해야 하는지에 대한 이야기를 꼭 들려주고 싶었다. 사실 아이들이 낯선 사회에 잘 적응하기를 바라는 마음은 자식 가진 부모들의 한결 같은 마음 아닐까?

그래서 몇 가지 충고를 적었다. 적고 보니 '하지 말라'는 부정적인 언어로만 꽉 채운 듯해서 마음이 썩 편하지는 않다. 그러나 자유로운 학생의 신분을 벗어나 비교적 자유롭지 않은 조직의 틀 안에서 적응하려면 꼭 필요하다고 생각되는 것들만 적었다. 적어도 필자의 관점에서 봤을 때, 회사는 '하고 싶은 대로' 하거나 '하던 대로' 해도 좋은 곳이 아니기 때문이다. 그래서 몇 가지 당부할 거리를 이야기한다는 게 잔소리가 길어졌다. 아들들이 이런 아빠의 마음을 이해해 줄 거라 믿는다.

능력도 재능도 없는 사람이 열정 하나만을 가지고 쉼 없이 달려왔다. 막상 마치고 나니 아쉬움이 남는다. 왜 꼭 마지막에 와서야 아쉬움을 느끼는 걸까?

그렇다고 해서 기쁘지 않은 것은 결코 아니다. 이 기쁨을 무엇과 비교할 수 있을까? 지금 이 순간, 떠오르는 분들이 많다.

부족한 아들이 책을 쓴다는 말에 한없이 기뻐하시던 부모님이 가장 먼저 떠오른다. 아마 아들의 책을 받아들어도 가장 기뻐하실 분들이 당신들일 것이다. 잘 키워주셔서 고맙습니다.

같이 맞벌이를 함에도 불구하고 직장에서 돌아와 아무것도 안하고, 책상에만 틀어박혀있는 남편을 단 한마디의 불평도 없이 지켜봐 준 아내 순영과 "아빠, 뭐 하는 거예요? 정말로 아빠 이름으로 책이 나와요?"라며 관심과 기대를 보여준 두 아들, 준과 찬에게 고마움을 전한다.

필자에게 작가의 꿈을 심어주신 수필가 임순형 상무님과 직장생활의 정신적 스승이 되어 주신 서철원 부장님께 한없는 감사를 드린다. 더불어 별 볼일 없는 끄적거림을 원고로 만들어 주신 〈북갤러리〉 최길주 대표님, 한재중학교 신종숙 교감선생님과 주성은 사원에게 특별한 감사를 드린다. 또 적극적으로 응원하고 힘을 실어주신 송기용 처장님, 양동규 실장님, 이재철 실장님을 포함해 언제나 필자의 삶에서 격려와 응원을 아끼지 않으시는 모든 분들께 이 자리를 빌려 깊이 감사드린다.